BIENVENIDOS

BIENVENIDOS
História de bolivianos escravizados em São Paulo

SUSANA BERBERT

MOINHOS

© Moinhos, 2018.
© Susana Berbert, 2018.

Edição:
Camila Araujo & Nathan Matos

Assistente Editorial:
Sérgio Ricardo

Revisão:
LiteraturaBr Editorial

Diagramação e Projeto Gráfico:
LiteraturaBr Editorial

Capa:
Luís Otávio

1ª edição, Belo Horizonte, 2018.

Nesta edição, respeitou-se o novo
Acordo Ortográfico da Língua Portuguesa.

B482b
Berbert, Susana
Bienvenidos: história de bolivianos escravizados em São Paulo

ISBN 978-85-92579-85-2
Índices para catálogo sistemático
1. Ensaio 2. História 3. Bolivianos escravizados 4. Escravidão
I. Título

Belo Horizonte:
Editora Moinhos
2018 | p. 136 ; 21 cm

Todos os direitos desta edição reservados à Editora Moinhos
editoramoinhos.com.br
contato@editoramoinhos.com.br

Prefácio

A crise que atingiu a mídia impressa no Brasil, a partir dos anos 1980, quando os computadores começaram a ser instalados nas redações de jornais e revistas, provocou mudanças que vêm se aprofundando ano a ano.

As transformações ocorridas nesse tempo não se limitam aos aspectos técnicos, que podem ser considerados revolucionários e atingem dramaticamente o exercício da profissão. O modo de fazer jornalismo alterou-se principalmente em função de medidas que têm a ver mais com a chamada reengenharia que mexeu com as empresas em todo o mundo — e não apenas as jornalísticas — ao promover o enxugamento da mão de obra especializada. Tratava-se do avanço da Globalização, que promovia enxugamento embaixo para acumular cada vez mais em cima.

O enxugamento foi arrancando das redações os profissionais que iam buscar notícias onde de fato elas aconteciam. Nas redações ficaram, em sua maioria, seres bem comportados que se revezam entre a tela do computador e o telefone. Foi aí que passaram a dizer que a reportagem acabou. Mas não, o que vem sendo cada vez mais reduzido é o espaço para a reportagem, e mesmo para a notícia bem apurada, verdadeira, o que garante a informação a que o leitor tem direito e a credibilidade que, historicamente, é a base de sustentação do jornalismo.

Na verdade, a reportagem não acabou; está quase sumida das páginas de jornais, revistas, telas da televisão, mas permaneceu em outras plataformas. A principal é o livro-reportagem, que passou a ser item importante nos regulamentos dos principais prêmios literários do país e a preencher cada vez mais espaço nos catálogos das editoras. No desdobramento da crise e o estreitamento cada vez maior das portas do mercado, jornalistas de renome passaram a ocupar as páginas de livros. Em alguns casos, recentes, profissionais que ocupavam altos cargos em redações de jornais e revistas demitiram-se para ingressar no mercado do livro, no qual já brilhavam algumas estrelas. Alguns vivem exclusivamente dos livros que escrevem.

Evidentemente, o livro-reportagem não é a salvação da lavoura para as grandes levas que as faculdades de jornalismo despejam anualmente num mercado cada vez mais estreito. Mas o fato é que muitos novos profissionais buscam esse caminho enquanto tentam se equilibrar no dia a dia das redações, cumprindo pautas exaustivas por telefone, e outras atividades. Produzindo livros-reportagens, talvez...

São comuns, hoje, os casos de estudantes de jornalismo que escolhem como trabalho de conclusão de curso a produção de livros-reportagens. Alguns deixam claro, nesses trabalhos, o quanto de importante os grandes veículos estão perdendo com a política suicida que praticam de, por economia, confinar seus profissionais nas redações, ouvindo por telefone as informações que deviam buscar nas ruas, ou seja, indo ao encontro dos fatos onde eles acontecem.

A autora deste livro, Susana Berbert, não foi apenas a encontro dos fatos; neles se envolveu profundamente, conviveu com personagens que podiam habitar um romance, e que estão aí, vivos e bulindo em meio a uma tragédia que o mundo oficial prefere ignorar.

Susana escreve sobre um tema que os leitores dos grandes jornais conhecem apenas pelas beiradas — o da exploração vil a que são submetidos seres humanos em oficinas de confecção de roupas instaladas na cidade de São Paulo e em outras do Estado. No noticiário aparecem, aqui e ali, referências ao que se denomina "condições análogas à escravidão".

E, às vezes, os nomes das empresas de moda que contratam

os produtos fabricados pelas oficinas das quais saem com etiquetas de grifes conhecidas. Isso indica que a máquina de exploração funciona também no exterior, em países do chamado Terceiro Mundo, onde competem em busca de mão de obra barata. Raramente a mão do Estado alcança a rede de exploração que se sobrepõe às leis.

Susana Berbert classifica seu trabalho como "romance de não ficção", o que para muita gente pode soar estranho. Trata-se de uma técnica narrativa que junta jornalismo e literatura, surgida com o movimento chamado de "Novo Jornalismo", nos anos 1960, nos Estados Unidos. Grandes nomes da literatura e do jornalismo participaram desse movimento: Norman Mailer, Tom Wolfe, Gay Talese e muitos outros, como Truman Capote, que escreveu um romance de mestre, mas que é também uma magnífica reportagem — *A sangue frio* —, a história de uma família assassinada numa aldeia perdida do Oeste americano.

Este livro não apresenta, a rigor, a estrutura de um romance. A autora apresenta seus personagens em blocos, quase como se fossem autônomos, mas fornece ao leitor tudo aquilo que caracteriza uma grande reportagem: a informação, a verdade dos fatos. Nesse sentido, escapa da tentação da literatice, como acontece com muitos autores que praticam o chamado jornalismo literário, confundindo texto bonitinho, rebuscado, com texto bem escrito, enquanto deixam de lado a informação.

Já na introdução de seu livro, intitulado *Bienvenidos: História de bolivianos escravizados em São Paulo*, Susana Berbert fornece ao leitor informação essencial sobre o tema que escolheu, a saga dos imigrantes bolivianos escravizados em oficinas de costura de São Paulo, oferece em poucas linhas os números da tragédia que se desenrola não só aqui, nem apenas no setor de confecções. "A escravidão moderna — escreve — atinge hoje 45, 8 milhões de pessoas em todo o mundo, segundo relatório do Índice de Escravidão Global 2016 da Fundação Walk Free." Só no Brasil há 161 mil pessoas consideradas escravizadas. "Quase nunca há nomes, rostos, histórias", escreve Susana. Os meios de comunicação passam ao largo do assunto.

Números, rostos e histórias, estão aqui reunidos. O romance se divide em dois planos, no sentido geográfico e cultural. Susana foi buscar Silveria, a protagonista de seu livro, no Altiplano boliviano, entre migrantes que fervilham na periferia de cidades grandes, vindos do campo, onde são secularmente explorados. Nas alturas andinas, milhares de criaturas sonham com as terras baixas do Brasil onde esperam encontrar oportunidade de uma vida melhor.

Silveria desceu do Altiplano com esse sonho. Ela, como milhares de seus patrícios, fazem há anos essa "descida", na maioria das vezes aliciados por concidadãos que são agentes de oficinas de confecções ou seus próprios donos, em São Paulo, onde o sonho se transforma em pesadelo.

Bienvenidos conta a história de Silvéria e de milhares de patrícios que sobrevivem no sufoco das oficinas das quais se tornam prisioneiros. Resta dizer que, neste "romance de não ficção", a jornalista se sobrepõe à literata. O livro é mais descritivo do que, digamos, uma busca de transfiguração de uma tragédia humana. Trata-se um trabalho importante, digno de ser lido. Trabalho de jornalista e de escritor.

O Prefácio aqui apresentado é de autoria do jornalista Audálio Dantas.

Um dos jornalistas mais importantes de sua geração, Audálio Dantas foi um dos principais responsáveis por conduzir os protestos pelo assassinato de Vladimir Herzog. Em 1975, foi Presidente do Sindicato dos Jornalistas Profissionais do Estado de São Paulo, enquanto a censura à imprensa era mais severa e a ditadura militar perseguia e torturava ativistas políticos.

Fundador do jornal "Unidade", foi eleito deputado federal pelo Movimento Brasil Democrático (MDB) em 1978. Em 1981, recebeu na ONU um prêmio por sua atuação em defesa dos direitos humanos. Em 2012, lançou o livro "As duas guerras de Vlado Herzog", no qual destaca a participação do sindicato no episódio da morte de Herzog, que foi um divisor de águas no enfrentamento à ditadura pela sociedade civil. Em 2014, foi um dos membros da Comissão da Memória e Verdade da Prefeitura de São Paulo, que teve como objetivo esclarecer o papel desempenhado pela administração municipal e agentes públicos municipais durante a ditadura.

Em 2017, recebeu o troféu "Indignação-Coragem-Esperança", como reconhecimento pela sua defesa da democracia e persistência em se colocar a serviço da comunicação popular no Brasil.

A Silveria,
que me recebeu em sua vida.

Não somente essa família de olhos me enternecia, mas ainda me sentia um tanto envergonhado de nossas garrafas e copos, maiores que nossa sede.

Charles Baudelaire, Os olhos dos pobres

Eu era migrante e tu me acolheste.

Mateus 25:35

Introdução

Conheci Paula quando eu tinha quatorze anos. Foi a primeira boliviana que me lembro de ter visto. Achava bonito o jeito que ela falava português. Paula era babá de uma criança na cidade em que vivi durante minha infância, Rio Claro, no interior de São Paulo. Ela era imigrante irregular e passou a frequentar a igreja que íamos, localizada no centro do município. Lembro-me de que algum amigo sempre fazia uma brincadeira sobre o fato de ela precisar se esconder quando uma viatura policial passava pela rua ou quando ouvíamos as sirenes, distantes. Paula ria, mas era de um jeito desconfortável. Hoje, recordando, acho que no fundo o que ela tinha era medo. Não me lembro ao certo quanto tempo Paula ficou na cidade, mas me lembro de termos feito uma festa de despedida para ela, quando partiu. Hoje sei que Paula está muito bem, mora no Paraná, é casada com um brasileiro e tem dois filhos, meninos.

Meu encontro com Paula teria sido apenas mais um se eu não tivesse também me encontrado com o jornalismo. E, junto a ele, com o sonho de dar voz aos oprimidos. Durante a execução de pautas relacionadas aos direitos humanos, deparei-me com a temática da escravidão moderna e, nela, descobri o universo de aliciamento e exploração de mão de obra de imigrantes, majoritariamente bolivianos, que existe por trás da indústria de produção de roupas. Lembrei-me de Paula. De sua sorte diferente da de tantos. Daí, quis descobrir outros nomes, outros rostos, outras histórias.

Procurei-as. E foi em 2015, dez anos depois de ter visto uma boliviana pela primeira vez, que conheci Silveria, a protagonista da história que as páginas aqui contam.

Bienvenidos – História de bolivianos escravizados em São Paulo é um romance de não-ficção que conta a vida de uma mulher boliviana, Silveria, que em sua singularidade representa a existência de muitos. Entre sua trajetória particular e o universo mais amplo do qual ela faz parte – migratório e produtivo – o livro traça um perfil do imigrante boliviano explorado em oficinas de costura na capital paulista e revela ao leitor a realidade desumana a qual são submetidos.

Definida pelo controle exacerbado de uma pessoa sobre outra, retirando sua liberdade individual com a intenção de explorá-la, a escravidão moderna atinge hoje 45,8 milhões de pessoas em todo o mundo, segundo relatório do Índice de Escravidão Global 2016, da Fundação Walk Free, sendo que 161,1 mil só no Brasil. Entre as formas de escravidão, destacam-se o trabalho infantil, a exploração sexual, o recrutamento de pessoas para conflitos armados e o trabalho manual forçado em condições degradantes, com extensas jornadas, sob coerção, violência, ameaça ou dívida fraudulenta. Nessa última, encontra-se a exploração exercida no setor de vestuário, localizada principalmente em grandes centros urbanos e industriais. No Brasil, é identificada predominantemente na cidade de São Paulo e atinge uma parcela da população que detém pouca visibilidade e representatividade: imigrantes. Em 2015, um total de 1.010 pessoas foram retiradas de condições análogas à escravidão no país, de acordo com o balanço do Ministério do Trabalho e Previdência Social (MTPS). Em 2016, o número caiu, com 660 resgatados, e, em 2017, e diminuição foi ainda maior, com apenas 404 trabalhadores libertos. O número de resgates é o menor desde 2000, devido à diminuição das fiscalizações. Nos últimos 14 anos, a média anual de estabelecimentos fiscalizados foi de 261, mas em 2017 foram realizadas apenas 184 inspeções.

O tema é extremamente importante por abordar um assunto atual e velado da cultura de consumo, que rege as práticas produtivas de empresas voltadas a vestuários. A indústria da moda atua em dois cenários: o do espetáculo, exposto ao público nas vitrines e promotor do desejo e fantasia pelo ato da compra, e a realidade de produção, pautada em práticas obsoletas, com o trabalho a domicílio nos moldes similares aos empregados na Revolução Industrial, caracterizados por um alto grau de exploração e condições insalubres. A manutenção da alta substituição de peças e coleções das grifes e os preços ostentados nas vitrines ocultam a exploração sistêmica que existe por trás desse universo. Encoberto pelo consumo, o tema também é pouco explorado pelos meios comunicacionais, seja por esbarrar em interesses de patrocinadores dos veículos midiáticos, seja por, quando explorado, ser abordado de forma a reafirmar estereótipos e senso comum. Quase nunca há nomes, rostos, histórias. Na narrativa aqui presente, desafiamo-nos a dar ao imigrante uma voz; ao leitor, uma vida a ser conhecida.

É importante salientar que não há uma comunidade boliviana no Brasil que possa ser retratada de forma única e homogênea. Antes, ela é plural e diversa, com traços distintos de acordo com as regiões de origem da Bolívia e histórias particulares que os trazem até aqui. A vida de Silveria, aqui contada, é um recorte dentro dessa pluralidade, recorte este voltado à questão produtiva que envolve o grupo migratório no Brasil. Sua história apresenta características específicas que se repetem na trajetória de inúmeros bolivianos que trabalham nas oficinas de costura em São Paulo e proporciona uma compreensão importante de parte significativa da vida desses imigrantes em nosso país e das relações produtivas que fazem parte.

A literatura e as pesquisas existentes sobre o tema mostram que há um perfil do trabalhador das confecções, aprofundado neste livro campesino, humilde, oriundo principalmente de La Paz, El Alto, Cochabamba, Oruro, Santa Cruz, Beni e

Potosí, que muitas vezes passa pelo êxodo rural antes de chegar ao Brasil, explorado pelos próprios conterrâneos e que ganha emancipação ao abrir o próprio negócio. Ao conhecer Silveria, em outubro de 2015, e ouvir dela sua história, passei a identificar esses e outros traços gerais do tema em seu relato e soube que tinha em minhas mãos uma personagem valiosa. A partir de então, acompanhei sua rotina de trabalho semanalmente por três meses e realizei entrevistas com ela, familiares e empregados da oficina da família. O nome de Silveria é revelado, de acordo com sua autorização, mas os demais personagens da obra tiveram seus nomes alterados para que identidades fossem preservadas.

Ao somar a relação de proximidade com a personagem e o registro de sua história com dados, pesquisas, entrevistas com especialistas, visitas à Missão Paz, conversas com diferentes imigrantes bolivianos e leitura de uma vasta bibliografia, foi possível relacionar a vida particular de uma mulher com um universo mais amplo, que abrange a problemática migratória e produtiva do mundo globalizado.

Com o material em mãos, restava saber como explorá-lo. Na construção do livro, a opção por dar voz a Silveria por meio do romance aconteceu naturalmente. Com os relatos vivos e sempre cheios de detalhes sobre sua vida, Silveria recriava diálogos nas tardes que passávamos juntas, rememorava datas com uma precisão incrível e nunca se contradizia com os fatos contados. Antes, corrigia e reafirmava informações que, às vezes, havia me dado há meses. A mulher de voz frágil, mas fala abundante, que ria e chorava em frase sequenciais, que perdia o fôlego entre um relato e outro e repetia exaustivamente detalhes da história para que eu não me esquecesse do que era importante, possibilitou o desenvolvimento de uma narrativa ainda mais humana e sensível. O desconforto que pode ser provocado pela sensação de confusão da história e sua aparente desordem cronológica são próprios da instabilidade da vida de Silveria e desses imigrantes: reflexos de sua inconstância, de seu não pertencimento a um lugar, de sua trajetória angustiante e imprevisível.

Assim, as impressões aqui registradas, os sentimentos, os cenários, as conversas entre personagens, são resultados de uma imersão na vida retratada, de investigação profunda, de entrevistas exaustivas e observação cuidadosa. São as memórias de uma imigrante. Em cada frase, o livro busca transmitir as palavras de Silveria e o estado de ânimo que a envolvia quando ela as disse. Externar sua personalidade, seus medos, dores, suas esperanças e aquilo que, nela, é alegria. Explicar seus valores e elucidar o contexto de mundo que influenciou sua formação e trajetória de vida. Respeitá-la.

Bienvenidos é uma reportagem que coloca nas mãos de uma mulher, mãe e que um dia foi escravizada, o protagonismo de sua história. Dá a ela o poder de mostrar seu rosto e de dizer seu nome. De reconhecer-se como pessoa que é. Este livro, nas linhas que o formam, nos convida à empatia. A nos colocar no lugar do outro e ver em sua existência vislumbres de nós mesmos. *Bienvenidos* nos convida a conhecer o mundo que a uns acolhe, e a outros, renega. A entender os mecanismos e valores que o regem, a encarar, com muito pesar, o sistema exploratório que proporciona a nós o conforto de nossas vidas. Este livro nos convida a repensar nossas práticas de consumo. A olhar para fora, para aquele que é diferente de nós e, nesse encontro de entrega, relembrarmos o valor da vida humana.

Silveria e eu esperamos que você aceite esse chamado.

Apertava a menina enrolada em um cobertor contra o peito e olhava para o chão. Não se atrevia a erguer os olhos. A cabeça permanecia baixa, fixa. Apenas seguia o caminho que havia sido ordenada. Quase corria, tão rápidos que eram seus passos. Estava trêmula, seu pequeno corpo se movia em espasmos de medo. A boca mal se fechava. Tinha vontade de chorar, de ceder. O coração batia em um ritmo acelerado em seu peito. O ar lhe faltava. Tinha o estômago embrulhado, achava que iria vomitar. A cada impulso as mãos geladas envolviam ainda mais forte a filha. Estava escura, a noite, e ventava. Silveria atravessava a ponte. Se alguém a olhasse andando por entre os ferros da estrutura, pensaria que a mulher fugia de algo. Ela, não. Sabia que se entregava. Caminhava com medo, mas submissa, como um animal rumo ao matadouro.

Deixava o Paraguai. Chegava ao Brasil.

Jorge

O sol tocava tímido a terra sob os pés descalços de Silveria. Ventava, e a poeira que subia com a brisa gelada encontrava a pele seca e morena da menina, deixando-a com a aparência ainda mais ressequida. O céu era de um azul limpo e profundo e seus olhos amendoados e pretos se erguiam contra o sol para enxergar a paisagem distante. Ela olhava e olhava para o horizonte de montanhas com cimos congelados que ficava em frente à sua casa entre as pausas de descanso que tinha. Às vezes, esses minutos, de tão raros, pareciam horas.

A voz do pai a despertou do devaneio.

"Silveria, minha filha, vem aqui."

A menina entrou na casa. O pai a esperava sentado na beira da pequena cama que ocupava o único cômodo do lar, onde dormia com a esposa e seus quatro filhos. O ambiente escuro era iluminado por feixes do sol da manhã que violavam a estrutura de *adobe* da casa e revelavam a poeira, lentamente, dançando no ar. Silveria colocou-se de frente para o pai.

"Sente, minha filha, aqui perto, bem perto. Você precisa guardar um segredo. Você não pode contar para ninguém sobre o que vamos conversar agora."

Ela o observava atentamente. O trabalho no campo deixara vincos fortes e pequenas manchas em sua pele morena. "Como parece mais velho", pensou a menina. Os traços ocultavam seus trinta e cinco anos, e a idade aparente avançou ainda mais quando as dores de cabeça começaram. Eram fortes, intensas, frequentes. Arrancavam lágrimas de seu pai. Também gritos.

"Hoje o seu pai vai viajar. Vou em um lugar para fazerem uma cerimônia para eu me curar, mas eu não sei se vou sobreviver." Segurou as pequenas mãos da filha com as suas. A direita era retorcida e sem vida. Ficou assim quando a doença que acometia sua cabeça apareceu. Nunca saberiam qual era a causa. "Ouça, Silveria", continuou. "Você não vai ser camponesa para sempre como eu. Você vai sair daqui, vai para outro lugar. Seus filhos vão estudar e não vão ser como nós. Eu sei que não consegui dar uma vida diferente para você."

"Por que você está falando isso, papai?", perguntou a menina.

"Experiência de vida. Eu não tive pai, não o conheci e acho que você vai passar por isso também." Olhando para a filha, ele chorou. Silveria também. "Você vai cuidar de seus irmãos. Sua irmã mais velha está na casa de uma senhora da cidade e lá ela terá uma vida boa. O problema é você e seus três irmãozinhos. Eu tenho medo que vocês sofram muito", disse baixo, quase sussurrando.

"Não, papai. Nós não vamos sofrer!" Repetia a menina, com olhos e testa cerrados em consternação. Ela não entendia.

"Eu não vou voltar, e você vai cuidar dos seus irmãos. Você vai ser responsável por eles. Eu acho que sua mãe não vai gostar de quando eu me for."

"Mas, papai, a mamãe vai viver ainda!"

"Vai, filha. Mas eu acho que vai ser difícil... Silveria, ouça: você vai ter que trabalhar muito agora, para vocês terem comida. Ajude as pessoas, elas vão gostar de você se você for trabalhadeira."

A menina mantinha os olhos fixos no pai. Ele, ao longo das falas secretas, aproximou-se ainda mais da filha. Ali, tão perto do homem que a criara, Silveria se lembrou de como as mãos dele envolviam as suas quando, ainda com cinco anos, ele a ensinava escrever. Ela, já aos dez, ainda que mais alta pela idade, tinha o mesmo corpo de estrutura pequena, com as pernas finas e braços longos, que se acomodava no colo do pai. Ele chamava Silveria, sentava-a e, segurando os miúdos dedos da filha com suas mãos grossas de calos, treinava a caligrafia. Letra por letra. Naquela época, sua mão direita não estava atrofiada, lembrou a menina.

Jorge interrompeu o pensamento.

"Preste atenção. Você não vai derramar uma lágrima por mim. Eu vou estar morto e você não deve chorar."

Abraçou a filha. Partiu às três horas da tarde daquele mesmo dia. Era uma sexta-feira, 11 de agosto de 1995. Silveria nunca mais vira o pai com vida.

Julieta

Ela sempre queria morrer, a mãe. "Quando ela morrer, vai ser bom para ela", pensava Silveria, enquanto envolvia a irmã Silvana, de um ano, no *aguayo*, protegendo a bebê do frio que vinha da noite escura e densa da zona rural do departamento de La Paz. Martín, o único menino da família, de cinco anos, ficava calado ao seu lado. Mexia na terra com um pequeno graveto. Verónica, de dois, chorava.

A mãe continuava na casa. O frasco de óxido permanecia próximo a ela e a garganta ainda ardia com o grito que ameaçava morte. "Eu vou morrer, eu vou morrer", repetia para as crianças quando enlouquecia. Os meninos corriam para a roça, assustados. Eles eram o problema. Julieta em certos dias simplesmente não podia fitar os olhos dos filhos, era pesado demais. Então ela pegava o frasco de veneno e o aproximava da boca. Se as crianças não sumissem, ela tomava, dizia. "Eu nunca mais vou ter que olhar esses seus olhos, vou morrer, como o seu pai fez."

Quando não ameaçava minar a própria vida, Julieta castigava a dos meninos. Pegava o que encontrasse pela casa, pedaços de pau, ferro, ferramentas, e deixava marcas pelos miúdos corpos das crianças. Ela devia pensar que castigava a vida que a tinha castigado. Cinco filhos e um marido morto.

"Aquele vagabundo morreu e deixou a gente assim", falava. "Não reclamem para mim. A culpa é dele. Chorem contra ele, à vontade". Ela não tinha pena. Tinha raiva.

Silveria viu o corpo do pai quatro dias após ele ter partido em busca da cura. O homem era velado na casa de um vizinho e a mãe mandou chamar as crianças para se despedirem. A filha entrou na sala acompanhada de Martín. Foi na frente, era mais velha. Andou firme até o caixão. Tirou a tela que protegia o rosto de Jorge e olhou. Era ele, o pai. Estava morto. A menina não sabia o que sentir. Ficou em silêncio fitando o corpo sem vida do homem. Olhou e olhou e, então, afastou-se. Não chorou, como havia sido ordenada. A mãe entendeu a falta de expressão como desprezo e castigou a filha com uma bofetada em sua face. Mas Silveria continuou forte. "Agora eu tomo conta da minha família", pensava. Rememorava cada palavra dita pelo pai para não perder a mais simples tarefa de que havia sido incumbida. Quando se lembrava, as coisas ouvidas da boca de Jorge soavam boas. Em seu íntimo, parecia haver um entusiasmo inocente pela morte do homem. Iria dar ordens. Ainda criança, estava se tornando adulta.

A euforia desapareceu com o passar dos dias. A mãe tornava-se cada vez mais colérica e impulsiva. "Vai ser mais fácil ou mais difícil?", questionava-se a menina. Se Julieta parecia não aguentar a morte do marido, Silveria sabia que teria que aguentar por todos.

Todas as manhãs, ela se levantava um pouco antes do sol na pequena comunidade Hussi, na província de Pedro Domingo Murillo, departamento de La Paz. Com um milhão de quilômetros quadrados e dez milhões de habitantes, a Bolívia tem a economia baseada na extração de minério, gás natural e petróleo; na agricultura, em que prevalecem cultivos como cana-de-açúcar, arroz, soja, café, milho, batata, e cereais; na extração de borracha e madeira e na criação de bovinos. O país apresenta um dos menores índices de desenvolvimento humano da América Latina, de 0,67, a frente apenas de Nicarágua, Guatemala e Honduras. Segundo o Instituto Nacional de Estadística da Bolívia, em 2015, 39% da população estava abaixo do índice da pobreza, percentagem que aumenta na área rural e chega a 55%.

O território boliviano é dividido em nove grandes áreas, chamadas de departamentos, localizadas em três diferentes regiões geográficas: o altiplano, que abrange 16% do país e abriga os departamentos de La Paz, Potosí e Oruro; os vales, que ocupam 14% da superfície e contêm os departamentos de Cochabamba, Chuquisaca e Tarija, e a região das planícies tropicais, que se estende por 70% do território e abraça os departamentos de Beni, Santa Cruz e Pando.

No altiplano, vive metade da população do país. Nele, são produzidos inúmeros cereais e tubérculos, elementos básicos da dieta boliviana, por homens e mulheres que tiram da terra a subsistência. O campo da região, frio e ensolarado, é marcado pela concentração de terra e pobreza e destinado às etnias estigmatizadas como inferiores à cultura do homem branco: indígenas e seus descendentes. A identificação como parte de um grupo étnico na Bolívia tem historicamente ligação direta com o estrato social ao qual o indivíduo pertence.[1] Os brancos, que segundo o censo da população boliviana de 2012 correspondem a 10% da população, são a minoria rica e privilegiada, seguidos por 70% de habitantes que se consideram mestiços, os descendentes de indígenas, e pelas etnias indígenas, que somam 20% dos moradores do país. Junto aos mestiços, os indígenas carregavam o preconceito de fazerem parte de um grupo considerado de valor culturalmente menor e que, por isso, detinham pouca representatividade no passado. No país, existem cerca de 36 povos indígenas, com diferentes línguas. As duas maiores etnias são as Aimará e a Quéchua, que representam 90% do total. Com o governo do Evo Morales, presidente do país desde 2006 e descendente da etnia indígena Aimará, essa questão foi amenizada na Bolívia. Hoje o preconceito é menor e criminalizado, e houve um enorme salto na valorização das culturas nativas, especialmente em relação à etnia de Evo, o que também se verifica em relação aos Quéchuas e Guaranis.

Histórica e culturalmente, as características geográficas do altiplano boliviano são associadas ao perfil do habitante oriundo da região, contrastando com os moradores das áreas tropicais. Na concepção popular, a altitude, a aridez do solo e o clima são fatores que fazem do homem da região forte e rigoroso, que trabalha incessantemente para sua sobrevivência.

A família de Silveria era mestiça e era no campo do altiplano onde viviam. Onde a menina precedia o sol para arrumar os irmãos e levá-los para a escola. Silvana, ainda com um ano, ia amarrada ao corpo da irmã no *aguayo* e, enquanto Silveria assistia às aulas, a bebê esperava por um colo, sozinha, no chão da sala.

Quando voltavam para a casa, as crianças encontravam a panela escura no fogão de barro, com batata assada e algum tempero. Era a única comida que tinham, e vinha direto da plantação da família. Três pequenos terrenos onde cultivavam, além do tubérculo, milho, ervilha e pimentas. Nunca comiam algo diferente. Alimentavam-se e seguiam para a roça. Julieta e as três crianças. Se tentassem descansar por alguns minutos, a mãe protestava e os filhos apanhavam. Milho e batata eram colhidos até tarde. As espigas tinham que ser tiradas na lua certa. O terreno era regado com a água que retiravam em baldes do rio, distante. Às vezes, a jornada se findava apenas a uma hora da manhã. Se não trabalhassem com a mãe, não teriam a batata para comer. Dormiam, e quando acordavam das poucas horas de sono, as tarefas se repetiam.

Isaka

As cores do mercado Rodriguez na cidade de La Paz eram vibrantes e o ambiente fedia a sangue, carne e peixe. Lá, se vendia de tudo. Comida, animais, roupas, artesanato, flores, temperos, carcaças. Isaka estava perdida e olhava para todos os lados em busca de uma feição familiar. Quando fixava em algum ponto, percebia que a cabeça doía. Já pensava em ir embora quando puxaram sua roupa. Era Silveria a chamando. Abraçou a irmã mais nova, que se impressionou com sua aparência "Como está limpa e bonita!" Ainda na rua suja, em meio à feira e estranhos, ela receberia a notícia.

Isaka foi a primeira filha de Julieta e Jorge. Quando completou quatro anos, nasceu Silveria. Logo, vieram Martín, Verónica e Silvana. Era falante, a menina. Gostava de fazer amigos e perguntas. Conversava com todos e tinha o riso solto, enquanto da cabeça desciam fios longos e negros de um cabelo preso em tranças. Os cílios que enfeitavam os olhos escuros, que se repetiam na face de todos os membros da família, eram caídos, mas surpreendentemente longos, e revelavam o comprimento quando ela arregalava os olhos em suas expressões marcantes. O pai se preocupava com toda essa extroversão. "Você dá papo para qualquer pessoa. Não pode ser assim. O que vão pensar?" Ela não se importava.

Com o nascimento dos irmãos, a miséria da família tornou-se ainda maior. Isaka era mais velha, e era dada ao mundo. Jorge sabia o que deveria fazer. Quando a filha completou nove anos, o pai a levou para viver com a família de um policial na cidade de La Paz.

O êxodo rural é o caminho quase natural dos campesinos que sonham com uma vida melhor. Para fugir da miséria em que vivem, migram para os principais centros urbanos do país como La Paz, Santa Cruz de La Sierra e Cochabamba. A falta de terra e políticas de incentivo ao pequeno produtor e a desvalorização dos preços dos minerais no mercado internacional estão entre as principais causas que motivam a empreitada em um novo ambiente.[2] Jorge queria que a filha não sofresse. Queria que estudasse. Sonhava por ela e sabia que o futuro era uma palavra que existia apenas para além do campo.

Juan, o policial, recebeu contente a menina na casa de dois andares, ocupada por familiares e cinco cachorros. Isaka nunca havia visto gente tão rica. Abraçou o pai e entrou. Os homens se olharam e assentiram com a cabeça. Sem palavras, a linguagem dos homens leais. Jorge o era. Juan, não. O combinado era sabido entre todos: ela teria abrigo em troca de fazer companhia para a mãe do patrão, das oito da manhã às seis da tarde. Pela noite, poderia estudar. No começo, o adiamento do ingresso na escola era justificado pelos patrões pela necessidade da Isaka se ambientar ao novo lar. Como o tempo destinado às aulas não era ocupado, a menina realizava afazeres domésticos. Em algumas semanas, passou a ser obrigada a levantar às cinco da manhã e trabalhar até às dez horas da noite. Acordava para cozinhar e limpar todos os dias a casa inteira: cômodos, escadas, terraço, quintal. Passava as tardes recolhendo as fezes dos cachorros e esfregando as marcas de urina para que o cheiro não vingasse. Não poderia demorar. "É como ser escrava de um estranho", pensava. Sabia que havia algo errado, mas não contava para os pais nas raras vezes que os via quando eles iam até a cidade. Eles já sofriam muito o tempo todo, não precisavam sofrer por ela também.

Após um ano de solidão e clausura, a fuga. Era um fim de tarde quando Jorge avistou a filha na entrada da plantação. Desde que havia sido deixada na casa do policial, a menina havia mudado pouco. Aos dez anos, sua feição estava exausta e quase não havia crescido. Pediu ao pai para não ser enviada novamente para longe. Ficou, mas era levada para trabalhar diariamente em casas de outras pessoas para poder viver.

Quando completou onze anos, o pai encontrou um novo lugar para Isaka. Trabalharia para Alan e Fabiola. O homem, empregado em uma indústria de embalagens de remédios, e a mulher, secretária de um contador. O casal era bom para a menina. A deixavam estudar e pagavam duzentos bolivianos por mês, um salário mínimo. Morou feliz com eles por três anos, até que as mãos compridas de Silveria tocaram sua roupa em meio à rua tumultuada.

"Você precisa voltar comigo para casa. O papai foi embora, ele morreu", disse Silveria. As duas choraram.

Silveria saiu do campo à procura da irmã duas semanas após a morte do pai. O percurso até a cidade levava quase sete horas e era percorrido em caminhões de carga. Entrava no que surgisse, com frutas, cereais, legumes, animais. O desconforto do trajeto fazia os músculos se contraírem. As costas ardiam. Ao chegar em La Paz, deveria encontrar uma mulher chamada Dona Elisa no mercado Rodriguez, que a levaria até três mulheres de roupas pretas que vendiam bananas. As *plataneras* diriam onde estava Isaka. Com a morte de Jorge, ninguém sabia ao certo o paradeiro da menina. Sabiam, apenas, que ela havia sido entregue para mulheres com essa descrição.

Levou Martín para fazer companhia. Tinha medo, não conhecia a cidade. Era grande para ela, ainda menina e tão pequena. A cidade de La Paz assusta com sua dinâmica urbana, cheia de transeuntes e um mar de casas em construções inacabadas, resultado do intenso fluxo de migrantes que saem do campo. A cidade é a sede do governo boliviano, enquanto a capital do país é Sucre, no departamento de Chuquisaca. Comportando quase oitocentos mil habitantes, La Paz ocupa a terceira posição de município mais populoso da Bolívia, atrás de Santa Cruz e El Alto. Nela, destacam-se as produções de tabaco, minerais, álcool e energia, e o comércio irregular, que atrai inúmeros camponeses em busca de espaços nas feiras e ruas para venderem seus produtos.[3]

No mercado Rodriguez, o maior da cidade, os irmãos procuravam por Isaka. Caminhavam sobre restos de comida e chorume que escorria sobre o asfalto e os paralelepípedos que cobriam as ruas. Em certos locais o fedor era tanto que a menina nauseava. Silveria não sabia como iria achar a irmã e a apreensão a fazia respirar ofegante. Seu corpo estava trêmulo e ela tinha vontade de sentar. Percorria as barracas desde a manhã e o sol começava a se pôr, as pernas doíam. Pensava na mãe e na surra que levaria se voltasse para casa sozinha. Andava. Foi quando, entre as lonas que protegiam as barracas, avistou uma senhora gorda e vestida de preto. Sabia que Dona Elisa, que entregou a irmã para as *plataneras*, tinha uma feição similar. Foi até ela.

"Desculpe, senhora. A senhora se chama Elisa?"

A mulher a encarou por alguns segundos. O cabelo preto pintado por fios grisalhos estava preso para trás e um rabo de cavalo descia sobre suas costas. Ainda desconfiada, parecia boa.

"Sou eu sim, *ninã*. O que você precisa?"

"Estou procurando minha irmã, que meu pai entregou para trabalhar com as *plataneras*."

Elisa se lembrou de uma menina que havia sido deixada por um homem há um tempo. "Eu acho que ele entregou mesmo." E a levou até as mulheres. Silveria aproximou-se e perguntou pela irmã. Não a conheciam.

"Têm certeza? Tem mais ou menos meu tamanho. Um pouco mais velha, quatorze anos. É Isaka. Foi deixada pelo meu pai, Jorge."

As mulheres lembraram-se do homem, mas não do nome da menina.

"Tem uma menina que trabalha com nossa irmã Fabiola que foi deixada aqui. Ela se chama Celia. Temos até os documentos."
"Não é ela", pensou. Mesmo assim, insistiu para vê-la.
O telefone na casa da patroa de Celia tocou. Era uma das *plataneras* pedindo para a menina ir até a feira. Disse que uma pessoa estaria esperando por ela, mas não em que lugar exatamente. Se encontraram por acaso.
Celia era Isaka.

Em um pequeno saco feito de *aguayo*, levavam algumas frutas e arroz para a família, presente da patroa de Isaka. Antes de partirem, a mulher advertiu: "Vá, mas avise sua mãe que depois de duas semanas você irá voltar. Aqui é um bom lugar e você pode ajudar seus irmãos."
Na viagem de volta para o campo, Silveria quase não percebeu o desconforto do caminhão. Em todo caminho foi envolvida por um estranhamento. "Como Isaka se chama Celia?" Os pais nunca haviam tratado a irmã pelo nome da certidão. A mãe sequer a havia avisado para procurar a menina de outra forma. Aos dez anos, Silveria descobriu o verdadeiro nome da irmã. Sempre a havia chamado de Isaka. Na verdade, esse era seu apelido. Olhava para ela ao seu lado. Os cabelos tinham crescido um pouco e a trança que usava estava linda. Imaginava que ela era uma pessoa completamente diferente. Tinha descoberto outra identidade. "Se mudam o nome, mudam um pouco a pessoa, não é?" Queria saber como era a vida de Isaka na cidade. Disse a ela que deveria ser bom viver longe do campo. Sentia dentro de si uma tímida inveja da sorte da irmã. Olhava-a silenciosa, às vezes, só para a observar. Ela não sabia que, tão mais silenciosa, Isaka a invejava também. "Eu não sei o que é sofrer no campo, mas sei o que é sofrer de outra forma, sem família. Eu aprendi a viver sozinha. Você não tem carinho, tudo é diferente. Eu não

fui no enterro do papai, sabia, Silveria? Eu nem sabia que ele estava tão doente assim", pensava.

Chegaram no início da manhã seguinte. Silveria correu até a mãe. Estava eufórica.

"Eu encontrei ela, mamãe. Mas ela se chama Celia! Você nunca me disse isso."

Julieta olhou a menina, severa.

"Com qualquer nome você teria a obrigação de achar. Ela tem que estar viva, né?"

Isaka passou as duas semanas com a família, o tempo que a escola e a patroa liberaram para faltar. Falou para a mãe o quanto ganhava por mês e que mandaria parte do dinheiro para sustentar os irmãos. Mas a menina era *tacaña*. Os meses passaram. Silveria esperou.

"Ela não se lembrou de nós."

Silveria

Duas *polleras* e uma blusa. A menina separou o que tinha para deixar o campo e migrar para a cidade e colocou na sacola que fez com o *aguayo*, o tecido que sempre a acompanhava. Quase a completar treze anos, Silveria faria o mesmo trajeto que a irmã realizara oito anos antes em busca de uma vida melhor na cidade. Estava proibida de levar qualquer outra coisa para a casa do tio, que a esperava em La Paz. Três anos após a morte do pai, sua vida havia ruído. A mãe tinha surtos regulares e maltratava os filhos. A escola fora abandonada, dando lugar a jornadas ainda mais exaustivas no campo que rendiam apenas para a alimentação. Aos finais de semana, Silveria vendia ervilhas na cidade. Caminhava por horas pelas ruas cheias com um saco de pano amarrado no tronco. O pouco que ganhava, entregava para a mãe, e raras vezes mantinha alguns centavos para ela. Quando juntava uma quantia razoável, comprava roupas.

Certo dia, deu uma *pollera* e calçados novinhos para Isaka. Com Alan e Fabiola, a vida da irmã mais velha havia sido muito boa. Estudou, ganhou dinheiro para gastar consigo mesma e foi independente. Tão independente que, aos quinze anos, era vista sozinha e perdida pelas ruas de La Paz. "Foram amizades erradas", contava Silveria para a mãe. Isaka perdeu o emprego e, mesmo sem dinheiro, passou dois meses pela cidade. Julieta, em certas noites, procurava a menina de discoteca em discoteca. Quando a encontrava, estava sempre com roupas velhas e calçados estragados. Vendo-a assim, Silveria lembrou-se da ordem do pai, "Você deve cuidar de seus irmãos". Isaka não os tinha ajudado, mas ela sabia o que deveria fazer. Deu a *pollera* e a sandália para ela. "Tome, é pra você. Teu sapato tá todo quebrado."

No aniversário de treze anos de Silveria, Isaka já havia se reestabelecido e quis retribuir. Presenteou-a com um colar de prata. O pequeno pingente vazado em forma de coração, delicado e singelo, ficou lindo no pescoço da irmã.

"Eu nunca vou me esquecer, Isaka."

Não se esquecia, e repetia para si mesma todos os dias o dever de ajudar os irmãos. A menina sabia que precisaria sair do campo.

O pedido para partir foi feito à mãe que ordenou: "Vá, mas não leve nada". Quando chegou à cidade, o irmão de Julieta a recebeu.

"Tio, eu saí da minha casa porque minha mãe não tem condições de nos sustentar. Não tem como estudar e não temos o que comer. Eu vou trabalhar, eu preciso trabalhar, e ajudar meus irmãozinhos."

"Tá bom, você agora fica aqui, Silveria. Aqui é sua casa e você pode morar comigo."

Por um ano, trabalhou para o tio Alejandro e sua família. Realizou tarefas domésticas e vendeu produtos da *tienda* que os parentes tinham. Não recebia e, em troca, tinha refeições e um local para dormir. Ao completar os doze meses, no meio de 1999, pediu um salário. Alejandro avisou que ainda não poderia pagar e a enviou para Santa Cruz, a oitocentos quilômetros de distância.

Cidade mais populosa da Bolívia, Santa Cruz de La Sierra fica na margem do rio Piraí e é um dos principais motores econômicos do país. No centro, a *Catedral Metropolitana Basílica de San Lorenzo* se impõe maciça sobre cidade horizontal, cartão postal do local e fortaleza que representa a fé católica de 88,3% da população boliviana. Além de ser polo de produção petroquímica, principalmente de gás natural, o

clima tropical da região auxilia no cultivo de soja, cana-de-
-açúcar e algodão, que dominam a paisagem e ocupam o lugar da floresta.[4] Ali, por seis meses Silveria trabalhou como *niñera* de duas crianças: Miguel e Lara, filhos da patroa Madalena. Eram lindos os pequenos. Recebia trezentos bolivianos por mês, trinta bolivianos a menos que o salário mínimo do ano. Silveria gostava de lá. "São boa gente", achava. Mas era infeliz, ainda mais miserável e sozinha. Depois de um ano e meio distante da família e sem ver suas esperanças de partida vingarem, a menina voltou para o campo. Levou macarrão e arroz para os irmãos. Gostava de macarrão como gostava de poucas coisas na vida. "Era uma pena comer só batatas."

Na casa, a mãe a recebeu com outra despedida.

"Silveria, é muito bom você estar aqui, mas agora você vai para outro lado. Um primo seu falou comigo. Você vai sair daqui de novo."

"Para onde, mamãe? Eu não quero sair daqui de novo. Eu quero ficar." A menina, agora com quatorze anos, estava cansada. Olhava a paisagem pela porta da casa e pensava: "No campo é ruim, você trabalha muito, planta, colhe, mas não é empregada de todos. Era pior estar do outro lado do que no campo".

"Você não vai ficar aqui de jeito nenhum. Você vai para o Brasil."

Denis

Os banheiros já estavam limpos quando o relógio marcou seis horas da manhã. A casa, antes escura e silenciosa, começava a despertar com a luz do dia que passava pelas frestas das janelas e portas. Silveria antecedera todos. Ainda sem comer, a primeira coisa que fez foi esfregar os azulejos amarelados e velhos do banheiro. Faria isso três vezes no dia, repetindo os movimentos à tarde e antes de dormir. Sabia que os cômodos deveriam ser deixados em uma ordem cândida. Era uma fixação da tia por higiene e, por mais que a menina limpasse, o banheiro pareceria sempre sujo aos olhos da mulher. Silveria sempre se perguntava o que fazia de errado. Alguns dias, ela era obrigada a lavar o cômodo até a patroa aceitar o resultado. Nas primeiras tentativas, pensou ser uma certa rigidez para ensiná-la o trabalho. Com os dias, chorava. Mas nessa manhã, não. Limpou firme, uma fortaleza em seus quatorze anos.

Preparou o café da manhã. Serviu pão amanhecido e duro, amaciado com manteiga e acompanhado de um café fraco e leite para alimentar os seis trabalhadores da oficina de costura – ela, dois primos, uma prima e os patrões: os tios Denis e Florencia, pais de um menino, que era ainda bebê. Quando todos comeram, retirou a mesa e limpou o lugar. Depois, faxinou a casa inteira. Arrumou pertences e camas. Era empregada de todos, recebia ordem de todos. Às onze, começou a fazer o almoço, que precisaria estar na mesa ao meio-dia, em ponto. Ovo, feijão ralo, batata. Em seus primeiros dias na casa, a menina protestou pelo pouco tempo que tinha para o preparo.

"Tia, não dá tempo para eu fazer comida para tanta gente. Eu ainda não sei."

"Dê um jeito. Se você demorar mais cozinhando, vai trabalhar mais no resto do dia. Aqui funciona assim."

Após a refeição, lavou as louças e novamente limpou o banheiro. Esfregou-o, inutilmente. Cada aresta, cada mancha, cada vinco no chão. Em seguida, um pano com água sanitária foi passado por toda casa.

O ponteiro marcava quatro e meia da tarde, a água fervia no velho fogão de quatro bocas. Silveria esperava impaciente o *té de coca* estar pronto. Deveria servi-lo às cinco, sem atraso. A bebida foi a única pausa que teve após o almoço, e não passou de dez minutos. Quando sentou-se para bebê-la, percebeu que as pernas latejavam. Às seis, a tia saiu para comprar pão para o dia seguinte e a menina aproveitou sua ausência para sentar na máquina de costura da patroa e, sozinha, tentar mais uma vez aprender a fazer roupas. Quando a mulher a encontrou com os dedos finos e infantis sobre os panos, riu.

"Você não vai aprender nunca. Nunca. Porque você não consegue. Seu lugar é na cozinha e faxinando a casa, só isso", disse. Tirou-a de sua cadeira, a tapas.

"Como eu nunca vou aprender? Eu já aprendi tudo na vida", pensou Silveria.

O jantar começou a ser preparado às sete horas da noite e, às oito, todos já comiam. Às nove, a cozinha estava perfeitamente arrumada. A noite ainda mal tinha começado para ela. Limpou mais uma vez o banheiro e, então, foi passar as roupas e dobrar as golas das camisas costuradas. Depois de quatro horas, acabou. O dia tinha sido longo para a menina. Eram duas da manhã e ela poderia, enfim, dormir. Antes disso, sabia que não. Se apressasse os afazeres e terminasse as obrigações mais cedo, teria que achar outras. Precisava cumprir horas de trabalhos que satisfizessem os patrões. "Essa menina tem que ter valido o gasto da viagem", eles deviam pensar. Quando o trabalho excedia, ela também não podia deixar um pouco para a manhã seguinte. Às vezes, eram quatro horas da madrugada e ela ainda permanecia de pé. Quando sabia que isso aconteceria, implorava ao tio por descanso.

"Tio, é muito trabalho, eu não aguento."

"Não", dizia o homem, que se retirava para o quarto, "Você tem que passar".

Não sabia nem por que dormia. Na manhã seguinte, ela estaria de pé às seis e esfregaria o chão frio do banheiro. Como fazia todos os dias.

Quando Silveria entrou em um carro para vir ao Brasil, chovia. Do céu cinza claro, na cor fria e só de despedidas, caíam gotas que quase não emitiam som. Era um dia vazio e profundo. Silveria olhava o seu mundo e, em uma mudez ainda maior do que a da chuva que escorria pelas ruas de terra batida, dizia adeus para ele com lágrimas que desciam pelo rosto. Foram três mil quilômetros em cinco dias de viagem. Partiram de La Paz, passaram por Santa Cruz, de Santa Cruz foram até Puerto Suarez e de lá, chegaram em São Paulo. Era janeiro de 2000.

Denis era o nome do primo que havia conversado com Julieta sobre a ida de Silveria ao Brasil. Ele seguia ao lado dela no carro. Sua feição era séria, assustava-a. Com o corpo de criança encolhido contra a lateral do veículo, ela era ocasionalmente tocada pelas mãos do homem que dizia que tudo iria terminar bem.

"Você não vai trabalhar como lá. Você vai ficar com minha família e não vai ser como antes. Sua mãe estava fazendo maldade com você. Eu vou ser seu pai e sua mãe."

Ela agradeceu.

"Acho que vai ser mais fácil", sonhou.

Ao cruzar a fronteira do Brasil, Silveria também entrou para a estatística como parte de um grupo de imigrantes bolivianos sem qualificação profissional que iniciaram seu fluxo de chegada ao país a partir de 1980 em busca de trabalho e que ocuparam principalmente o lugar de mão de obra barata em pequenas oficinas, mercado que, antes dominado por judeus, passou a ser controlado por coreanos a partir de 1970. Mas a presença dos moradores do país vizinho já era percebida em meados de 1950, quando inúmeros jovens vinham ao país com o objetivo de estudar nas universidades e fixar residência, ou profissionais liberais em busca de mais estudo e melhores oportunidades de trabalho.[5]

O ramo de costura atrai por assegurar rápida ascensão econômica e um futuro vitorioso quando comparado à realidade do país de origem. As promessas de uma vida melhor são difundidas por trabalhadores que já residem no Brasil e inúmeros aliciadores, na maioria das vezes bolivianos, que agem nas principais cidades da Bolívia, como Santa Cruz de La Sierra, La Paz e El Alto. Além disso, também são veiculadas oportunidades pelas rádios e jornais locais. As ofertas, muitas irreais, fisgam principalmente pessoas que já haviam passado pela migração interna do campo em direção aos grandes centros urbanos da Bolívia e que ainda vivem condições de pobreza nas cidades. Hoje, com cada vez mais bolivianos no Brasil e as facilidades de viagem, muitos pulam a etapa do êxodo rural e vêm direto ao país. O Brasil, para eles, é o viabilizador de seus sonhos. Os que aqui vivem, mostram na Bolívia apenas as vitórias conquistadas e omitem de seus compatriotas a exploração pela qual passam.

Além de serem recrutadas para trabalharem como costureiras, muitas meninas, na maioria entre quinze e vinte e cinco anos, são levadas para serem domésticas nas oficinas, onde enfrentam jornadas de no mínimo quinze horas diárias, sem descanso nos finais de semana. O cuidado com a casa é entendido nessa cadeia produtiva como a primeira etapa para uma carreira informal na costura, atividade relegada aos que não têm o domínio das máquinas e, portanto, considerada inferior. O mais alto patamar alcançado pelo boliviano, e o sonho dos que nesse ramo ingressam, é abrir sua própria oficina de costura. Quando o fazem, são considerados bem-sucedidos.

A perpetuação da prática e o aparecimento de novas oficinas, na maioria das vezes clandestinas, tem como uma de suas carac-

terísticas basilares as relações de parentesco e apadrinhamento. Por meio dos contatos familiares, a esperança em relação ao Brasil é alimentada e o aliciamento, facilitado. Quando chegam, os imigrantes encontram uma realidade outra da que prometida.
Mais perversa e desumana.

O primeiro domingo no Brasil passou calmo. Taciturno. Silveria descansou da viagem no pequeno colchão que a abrigaria a partir dali. Ao lado da prima repousaria no canto de um quarto, separadas do restante das pessoas apenas por uma tela fina e inútil. A casa, pequena e mal iluminada, tinha quatro cômodos, divididos entre o quarto dos trabalhadores, cozinha, banheiro e um espaço para a oficina. O patrão era Denis, o qual Silveria foi instruída a chamar de tio. Florencia, sua esposa, era uma mulher rígida. O casal havia pago por toda a viagem da menina e retirado a documentação necessária para a sua entrada no país. A promessa era que ela poderia viver bem com eles por cinco anos e, só então, se assim quisesse, voltaria para a Bolívia.

Silveria arrumou-se em seu lugar. Tomou banho, colocou o *aguayo* com seus pertences encostados no colchão. Dormiu. Despertou na segunda-feira com Denis a chamando para as primeiras tarefas.

"Você vai cozinhar", disse.

"Tio, eu não sei cozinhar", respondeu a menina, lembrando que a vida inteira tinha feito apenas batatas. "Batata é fácil. Você lava, descasca e depois cozinha com pimenta, algum temperinho."

"Eu vou ensinar para você", interrompeu Florencia, que instruiu a sobrinha na cozinha por dois dias.

Quando finalmente acertou os preparos, a menina soube que cozinhar todas as refeições para os seis trabalhadores era apenas uma das tarefas que realizaria. A tia a alertou: "Essa é só uma pequena parte. Você vai ser ajudante de trabalho, vai passar as roupas que costuramos, virar gola de camisa e limpar a casa".

Com os dias, foi imposta a Silveria uma rotina extenuante. Florencia a castigava com humilhações e tarefas pesadas. A menina vivia em constante medo, ainda mais quando enfrentava as brigas de Florencia e Denis. Eles sempre se violentavam. Quando começavam, Silveria escondia o filho do casal para que ele não visse os pais assim. Também era obrigada pelo tio a mentir quando amigos de outros trabalhadores da oficina batiam no local à procura deles. Deveria dizer que eles nunca estavam, ou que não poderiam falar.

Trabalhava dia e noite. Nunca podia se sentar. No fim de alguns meses, as pernas da menina estavam tão inchadas que pareciam membros de uma pessoa com o dobro de seu peso.

A Feira

Os olhos da menina brilhavam quando ela cruzava a praça do Pari aos domingos. Quando a tia a chamava para comprar batatas e carne, ela aceitava o convite com excitação e medo. Passear pela rua era a aventura de quem teve os documentos confiscados e era proibida de andar sozinha. Nas tardes de saídas, ela se arrumava toda. Colocava sua melhor saia e tecia os fios do cabelo com cuidado. As blusas eram sempre largas, para não marcar o elástico que envolvia seu peito. Já aos quinze anos, brotaram em Silveria seios médios que avolumavam levemente as roupas finas e gastas que usava. Como não tinha um sutiã para segurá-los, ela amarrava em si mesma um elástico. Às vezes apertava muito. Doía.

Perdida na infância, dessa vez era Isaka quem procurava pela irmã semanalmente. Junto com Silveria, em 2000, ela seguiu para o Brasil. Depois de ficar desempregada aos quinze anos, foi viver com a mãe no campo. Aos dezessete, conheceu Danilo, dois anos mais velho, com quem se casou. Juntos, viajaram para São Paulo. Trabalhariam para um primo, também tratado como tio, chamado Paulo.

A casa onde viviam não era distante da de Silveria. A irmã mais velha batia no portão de Denis e pedia aos tios para ver a menina. Só queria saber como ela estava, levá-la para passear. Nunca podia. Era proibida pelo homem de ter qualquer contato com a irmã. O tio legitimava a postura afirmando que ter liberdade era algo perigoso para as mulheres. "Se ela sair, ela vai gostar, Isaka. Vai acostumar e querer ficar só na rua. Ela é mulher e isso é perigoso. Ela não deve sair."

Já Silveria, ele controlava com ameaças.

"Se você sair, a polícia vai ver que você não é daqui e pedir seus documentos. Seus documentos estão comigo. Você vai presa, e se me procurarem para perguntar de você, eu digo que nunca te vi na vida."

Quando via um homem fardado, o coração da menina palpitava. Ela podia sentir a pressão das batidas chegando até a sua cabeça e o nervoso a fazia suar. Sofria muito, não suportava o medo de ser tratada como uma criminosa. Ficava em casa. Mas para a praça ela não podia dizer não. A praça era um voltar a sua terra. Ela gostava das cores dos panos, e das músicas, do cheiro das pessoas.

Florencia

Era início de dezembro e as ruas da cidade estavam enfeitadas para o final do ano. Fazia calor em São Paulo. A casa ficava abafada e o clima deixava os afazeres ainda mais pesados. Silveria já havia trabalhado por quase doze meses e não tinha recebido nada. "Já é hora", pensou. A tia estava na oficina com os outros costureiros. Fazia um vestido estampado e longo de viscolaycra quando viu a menina entrar.

"Tia, eu quero saber o quanto eu ganhei todo esse ano."

Florencia a olhou com deboche. Sempre se dirigia a ela em tom superior. "Ah é? Você tá perguntando de dinheiro?"

Silveria a ouviu surpresa. Parada em frente a tia, quase não soube o que dizer. Não achava Florencia uma pessoa boa, mas a reação da mulher a assustou, "Eu trabalhei tanto, porque eu não iria receber?".

A tia riu.

"Tudo bem, tia. Deixa. Vocês não vão me pagar. Eu vou embora para outro lugar", disse Silveria. "Quem sabe me tratam diferente?"

Florencia a lembrou do contrato.

"Você vai ficar cinco anos aqui."

A menina abaixou os olhos e se retirou. Quase não chorava mais.

Na solidão da casa, foram-se duas semanas. Durante esse tempo, a mulher não dirigiu uma palavra à empregada. Olhava-a de canto de olhos, ignorava seus questionamentos, respondendo-a vez ou outra monossilábica e seca. Até a quarta-feira que antecedeu o Natal. Nesse dia, o céu amanheceu limpo, mas no fim da tarde algumas nuvens deixavam cair gotas finas e esparsas. A chuva fraca deixou a cidade úmida e quente, e o ventilador no canto da sala de costura movia suas hélices envoltas em poeira. Florencia então chamou a sobrinha, que a atendeu com medo. A mulher estava sentada de frente à máquina, rígida. "Tome, vinte reais para você comprar alguma coisa para você."

Na manhã seguinte, Silveria saiu na rua sozinha. No caminho até a loja segurou o dinheiro tão forte que as notas ficaram úmidas com o suor de suas mãos.

Voltou para a casa com um sutiã. Era vermelho. Vermelho como o Natal.

"Você quer me ajudar com o jantar do Ano Novo?" A pergunta feita por Florencia no dia trinta e um de dezembro alegrou o coração de Silveria. A menina achava que seria excluída da comemoração. Passaria sozinha, encolhida em seu colchão. Com as sobrancelhas altas, disse que sim. Saíram, as duas, para a feira. Compraram peixe e uvas. Para Silveria, um banquete.

O ano terminava leve e bom para a menina. Considerava ter ganho um presente da tia e tinha participado da reunião da família como se fosse parte dela. Podia dizer até que sentia uma espécie de felicidade. Ela, que sofrera a vida toda. Nessa época, Silveria se lembrava muito do pai. "Ajude as pessoas, elas vão gostar de você se você for trabalhadeira." Tinham começado a gostar, pensava, e como não havia o que fazer, aceitou trabalhar durante o ano que chegava sem receber. "Eu só quero isso, ficar com pessoas que sejam boas comigo", convencia a si mesma da sorte. O sofrimento fora muito. "O que me importa é estar em contato com eles, unidos, conversar. Eu quero que eles gostem de mim. Só isso. Só." Era terna e submissa. Sempre abaixava os olhos e agradecia por qualquer ato afetuoso. Agradecia e desculpava-se por nada, sempre em voz trêmula e baixa. Pela vida que recebia, achava que algo ela deveria ter feito, afinal.

"Quantos anos se passaram nos últimos doze meses?", pensava a menina em seu colchão antes de dormir. Essa noite se revirava, o sono não vinha. O calor do dia permanecia na casa e os mosquitos a incomodavam, rondando seu corpo moreno e fragilizado pelo trabalho abusivo. Era início de janeiro de 2001 e ela sentia saudade dos irmãos. Não havia falado com a mãe desde que chegara. "Como estão?" Decidiu que na manhã seguinte pediria aos tios para mandar uma fita com uma mensagem para a família. Iria enviar pelos entregadores, homens que atravessam frequentemente a fronteira entre o Brasil e a Bolívia, levando, de um país para o outro, cartas, dinheiro e objetos. O recado para eles seria simples: "Eu tenho saudades de vocês, mando abraços para meus irmãos".

Depois de algumas semanas, a mãe respondeu. Nela, pedia para Silveria retornar.

"Você não vai sair de jeito nenhum. Você veio para trabalhar cinco anos comigo. O contrato está firmado", berrou o tio. Silveria tremia com medo dele a bater. Denis avançou para cima da menina, que, chorando, jurava não procurar por outro patrão no país.

"Titio, eu não quero fugir. Eu quero só ir para casa. Só quero ver meus irmãozinhos."

"Então é isso? Você quer ir embora? Cadê seus documentos? Eu não vou entregar. Você não tem nada. Você não vai embora. A polícia vai te pegar e você vai para a cadeia."

Silveria insistiu. Soluçou. O tio cedeu com uma condição: Florencia a levaria até lá. A menina não iria sozinha em hipótese alguma. Poderia fugir, tentar a vida em outra oficina. Isso ele não iria admitir.

Ela era dele, e de mais ninguém.

Nadia

A criança tinha os lábios grossos, cheios, e os cabelos que nasciam já eram tão negros que, às vezes, pareciam azulados. Chamava-se Nadia. Silveria a amava, mas não sabia qual sorte seria a da filha no mundo. Olhava para os irmãos com resignação. Todos estavam tão grandes. Silvana, a que carregou tanto nos braços, já tinha quase oito anos. "Como as crianças mudam em tão pouco tempo", surpreendia-se.

Quando descobriu que estava grávida, Silveria escondeu a gestação com as roupas pesadas e saias rodadas que usava. Praticamente não engordou, praticamente não comeu. Estava sozinha na cidade de La Paz e precisava trabalhar. Não tinha tempo para pensar em crianças. Quando nascesse, veria o que fazer.

Quase a completar os nove meses, precisou ir ao campo visitar a mãe. Julieta havia pedido ajuda na colheita do milho. Trabalhou ao lado da mulher dia e noite, grávida, no limite de seu esforço físico. Em uma tarde, Julieta perguntou para a menina se ela tinha algo para contar. "Uma vizinha disse você tá grávida. Isso não é verdade, é?" A mulher percebia que havia algo estranho, mas Silveria negou. Foi só quando as contrações se aproximavam que ela revelou a verdade. Sozinha, abandonada, guardou o segredo consigo até ele se materializar em uma criança em seus braços. Era sete de novembro de 2003 quando a menina nasceu.

"Onde você engravidou? Pode voltar pra lá porque eu vou te matar. Eu vou te matar, Silveria! Eu vou te matar! Você pensa que eu sou o quê?", gritava a mãe enquanto Silveria chorava, acusada.

"Eu tinha medo de contar, mamãe."

"Vai embora!" O grito de Julieta foi tão alto que a menina se lembrou do frasco de óxido. "Se você não vai, eu vou. Agora você vai ter que cuidar dessa criança e dos seus irmãos. Eu não vou passar vergonha. O que vão dizer as pessoas da comunidade para mim? Que eu tenho uma filha que é mãe solteira! É uma humilhação, Silveria. Minha maior humilhação. Eu vou embora!"

"Mamãe, me perdoe. Eu vou ficar. Eu fico. Eu cuido deles."

Ao sair da casa de Denis e partir para a Bolívia, Silveria recebeu um pequeno malote de dinheiro. Segurou-o com as duas mãos e contou nota por nota. Não sabia quanto o tio havia dado para Florencia, mas a quantia que ela entregou para a menina era irrisória. Mil e duzentos bolivianos, cerca de quatrocentos reais, por todo o trabalho do ano.

O centro de La Paz fervilhava quando chegaram na cidade. Silveria despediu-se da tia, só faltava ir até o campo. Florencia não cedeu.

"Vou até sua mãe. Só entregarei seus documentos para ela."

"Tá bem", respondeu a menina. Mas avisou que antes precisaria comprar algumas coisas. Escolheu blusas e saias para si. As roupas que trazia do Brasil eram antigas, cheias de pequenos furos, e a costura começava a desfazer-se na maioria delas. Para a família, levou pacotes de macarrão.

Era madrugada quando chegaram. Fazia frio e não tinham roupas quentes para se proteger. Foram sete horas despertas na escuridão da noite, viajando da cidade de La Paz até a comunidade Hussi. Somada à distância, a estrada tortuosa deixava a viagem ainda mais longa.

Pararam em frente à porta da casa de *adobe*. A mãe acordou para receber as duas.

"Aqui está sua filha e é bom que você saiba que ela não trabalhou nada."

Julieta cerrou os olhos em direção à menina.

"Como não trabalhou?"

"Não trabalhou nada, por isso ganhou tão pouco de dinheiro, por culpa dela. Diga quando ganhou, Silveria", provocou a tia, castigando a menina mais uma vez.

"Não, mamãe. Eu trabalhei, eu ajudei. Só Deus sabe disso", disse, entregando o dinheiro à mulher. Ao todo, mil bolivianos. Ela havia gastado os duzentos mais cedo na cidade. A única coisa que reteve para ela. Não era luxo. Ela precisava se vestir.

"Você foi assim, Silveria? Como uma vagabunda?" A menina negou, mas a mãe não acreditou. Humilhada, teve que procurar trabalho como doméstica na cidade de La Paz, de onde, por três anos, passou a sustentar a família.

Foi na cidade que conheceu Armando o homem que a engravidou. Ela o achava bonito e ele dizia que a amava, a palavra que ela nunca havia ouvido. Para ele, uma verdade que durou até a barriga de Silveria começar a aparecer. Aos dezoito anos estava grávida. Ele insistiu para relacionar-se com ela. Não haveria problema, pois iriam se casar. Ingênua, a menina acreditou. Dessa menina, outra menina nasceu. Julieta entendeu a criança como a desgraça final de sua vida. Abandonou a família.

Além de Nadia, caíram no colo de Silveria mais três filhos. Ficaram ela, a bebê e os três irmãos.

Verónica e Silvana

Duas pequenas sombras surgiam entre o pelo amarelado das ovelhas. Silveria reconheceu as irmãs. Verónica e Silvana dormiam no celeiro abraçadas aos três únicos animais que a família tinha para se proteger do vento que atravessava a noite gélida nos andes. Assustadas, as pequenas crianças acordaram e correram até ela. Suas faces estavam encardidas, lágrimas secas misturadas em poeira. Dos narizes escorriam muco e os cabelos estavam emaranhados em nós. Não tomavam banho há dias. Fediam à urina.

"Cadê mamãe, Silveria? Cadê?"

Olhou para as duas, desesperada. Não podia acreditar no que via. Aquelas duas criaturas estavam magras e abandonadas. Tremendo de frio e medo. Explicou para as pequenas que Julieta não voltaria. Todas choravam. Segurou firme nas mãos frias das crianças e, carregando Nadia, levou-as de volta até a casa da família.

No chão de terra, uma panela com a água turva e suja abrigava o alimento das meninas. Arroz, água e açúcar. Todos os dias Verónica e Silvana esquentavam a mistura e com ela faziam uma espécie de chá. Era só o que tiveram para comer durante quatro semanas. Um dos tios, que morava no campo, ajudou as duas sobrinhas com o que tinha. Mas eram todos tão miseráveis. Esperou um mês pela volta de Julieta e, quando percebeu que ela não aconteceria, pediu para chamarem Silveria.

"Vamos embora daqui agora. Vocês vão para a cidade de La Paz comigo."

Estava escuro e as quatro partiram.

Quando Julieta abandonou a família para fugir da vergonha de ter posto no mundo uma filha que se tornou mãe solteira, Silveria tomou conta dos irmãos. Os meses passaram e, no início de 2004, quase não tinham mais o que comer no campo. Em busca de trabalho, Martín fugiu para a cidade e se tornou ajudante de motorista de ônibus. Gritava pelas ruas avisando os passageiros qual era o destino da linha. Silveria e as meninas continuaram na roça, na tragédia diária de suas vidas. Já não tinham mais como viver e Silveria teve como única opção voltar para a área urbana. Deixaria as duas irmãs para vender frutas e verduras nas feiras da cidade de La Paz para produtores. "Se eu for para longe, aviso minha mãe que eu não estou mais na comunidade e ela vai voltar pra casa e cuidar das minhas irmãzinhas."

Avisou. Foram-se as semanas, mas Julieta não voltou. Foi quando, na noite fria, encontrou as meninas maltrapilhas e abandonadas, vivendo como animais.

"O que é isso? Você teve uma filha solteira? Que vergonha para nossa família", disse Celia por telefone. Era Março de 2004 e a primeira vez que falava com a irmã desde que dera à luz Nadia. Estava com a filha e as irmãs no pequeno quarto que alugou para elas quando o celular simples que havia comprado tocou.

"Eu errei, irmã, mas na vida todo mundo erra."

"Seu erro fez com que a nossa mãe abandonasse nossos irmãos".

Silveria chorou, não sabia mais o que fazer. "Fugir? Deixar meus irmãos sozinhos?"

Depois de algumas semanas, a mãe e a irmã apareceram no local. Celia havia ido visitar a família na Bolívia e tinha se encontrado com Julieta. Com as duas ali, Silveria soube que deveria ir embora para o Brasil. Não queria. "O trabalho é muito duro lá, eu sofro muito, muito." Mas a mãe insistiu. Prometeu que ficaria com as crianças caso ela fosse. Celia, intimamente, também queria ajudá-la. Não podia rejeitar a irmã. Era seu dever acolhê-la.

"Você vai e nós voltamos para o campo, Silveria."

Para o campo ela não deixaria. "Você não vai voltar. Não vai!", era a primeira vez que gritava com a mãe. "Você vai ficar aqui e cuidar dos seus filhos, você é muito irresponsável. Você nunca fez isso. Nunca cuidou da gente. Por sua culpa eu tenho a Nadia. Se você tivesse sido uma mãe boa nada disso teria acontecido." Gritou tudo de uma vez, quase nem respirou. A mãe a fitou muda por alguns segundos, não respondeu. Virou e a deixou sozinha, com o peito ofegante em raiva, mas também em um estranho alívio.

Antes de partir, Silveria encontrou para a família uma pequena casa na cidade de La Paz com dois quartos. Uma senhora chilena voltava para seu país e procurava por alguém para cuidar da casa. Confiou em Julieta. As crianças entraram na escola. "Você não vai voltar para o campo. Daqui você não sai", lembrou-a, a filha, mais uma vez. "Eu vou trabalhar também e vou enviar o sustento para elas."

Depois de três anos, dessa vez com a filha, Silveria partiu mais uma vez para o Brasil.

Celia

Quente e abafado, o apartamento insalubre espremia cento e cinquenta imigrantes em meio a Ciudad del Este, no Paraguai. Fedia. O suor nauseante de corpos há dias sem banho preenchia cada espaço da construção e a sujeira que se espalhava pelos cômodos e grudava nas paredes escondia a verdadeira cor do piso branco que forrava o chão. Todos ficavam a maior parte do tempo em silêncio. Às vezes, de tão profundo, podiam ouvir suas próprias respirações. A quietude sepulcral era quebrada apenas quando notavam o barulho do motor. Passavam o dia no local à espera do anúncio de que o ônibus havia chegado. A carcaça tinha o ferro corroído, oxidado, e o interior escuro, mal iluminado por pequenas janelas, abrigava homens e mulheres a caminho da fronteira entre o Paraguai e o Brasil. De trinta em trinta, seguiam para o local onde atravessavam a pé, cada indivíduo por vez, a Ponte da Amizade, que liga os dois países.

Dessa vez, Silveria viajou de forma irregular, sem passaporte. A irmã foi na frente. Com um filho brasileiro, as coisas ficavam mais fáceis para Celia. Adriano, era o nome do menino. O percurso até São Paulo demorou sete dias e durante todo caminho Silveria sentiu o medo a dominar. Tinha o sono inquieto, com sonhos confusos e pesadelos. Acordava em sobressaltos. Nas noites, chorava em silêncio "E se acontecer comigo o que aconteceu da última vez?".

Olhava para o lado, para as faces de inúmeros estranhos, de diferentes que aproximados pelas histórias eram como um, e temia pelo destino de todos.

Entre incontáveis prédios de concreto, hoje São Paulo abriga mais de cento e cinquenta mil bolivianos. Não há um consenso sobre o número entre órgãos como a Polícia Federal, embaixada Boliviana no Brasil e Missão Paz, já que a maioria vive na irregularidade. Eles se concentram em bairros centrais da cidade como Bom Retiro, Brás, Pari, e também Vila Maria e Vila Guilherme, onde chegam, principalmente, para trabalhar em oficinas de costura. Segundo o Ministério do Trabalho e Emprego, há um número estimado de doze mil delas no estado, sendo muitas clandestinas e que exploram os imigrantes. Estes são vistos nas esquinas, em bares aos finais de semana, sempre entre os seus em expressões de desconfiança. A condição de irregularidade em que tantos se encontram os impelem à reclusão junto a sua comunidade familiar, fazendo-os imergir ainda mais no trabalho das oficinas, vivendo em espaços onde, se sua cultura neles não mais existe, a do país de chegada tampouco é conhecida. Quando imigram, encolhem-se em si mesmos como Silveria encolheu-se, vivendo sob o regime do consumo, em sua face oculta, alimentada em guetos e entregue às minorias. Que os engloba, envolve, alicia e os educa a serem receptores e agentes na perpetuação atroz de práticas exploratórias.

A rota mais utilizada para adentrar ao Brasil é por meio da cidade de Corumbá, em Mato Grosso, que faz fronteira com a cidade boliviana de Puerto Quijarro, no departamento de Santa Cruz. Após uma viagem de trem da cidade de Santa Cruz até o local, o ingresso dos imigrantes é autorizado mediante a apresentação do documento de identidade, quando recebem um carimbo com um visto de turista, com validade de 90 dias. Ao completar o período, tornam-se irregulares e ainda mais vulneráveis.

A partir de 2009, devido ao Mercosul, o ingresso dos bolivianos no Brasil apenas com a carteira de identidade passou a ser possível. Antes, precisavam da apresentação do passaporte. Para os que não possuíam o documento, outras formas de imigração, mais baratas e perigosas, também eram recorrentes. A entrada no Brasil era realizada a pé ou por meio de carro clandestinos em locais onde o controle era menor ou tinham a passagem facilitada, como a Ponte da Amizade. Para os que chegavam dessa forma, a violação de suas imagens como humanos iniciava-se mais cedo, tão logo embarcavam em direção ao país em condições degradantes.

Com documento ou não, o destino que os une é quase sempre o mesmo: o de mercadorias. Vítimas do tráfico humano, muitos atravessam a fronteira e, mediante a utilização de coerção, força ou fraude, são apresentados a uma realidade que os explora. No cenário do tráfico, a subjugação imposta ao que chega não é casual, mas previamente planejada por aquele que a faz, e que conta com a ajuda de intermediários para alcançar esse objetivo. Ao imigrarem para trabalhar em oficinas no Brasil, esses bolivianos tornam-se produtos. Entregues aos contratantes por coiotes mediante o pagamento de uma taxa que chega a quatrocentos reais por trabalhador, utilizada para a viagem, comida e até suborno de autoridades para viabilizar o ingresso irregular no país ou aquisição de carimbos falsos, eles adentram o território já com a condição de endividados e dependentes perante seus patrões que, além de terem bancado a viagem até o Brasil, acrescentam ao montante gasto o fato de oferecerem casa e comida aos empregados.

De acordo com a Lei nº 10.803/2003, que alterou o artigo 149 do Código Penal, a escravidão no Brasil é definida por "reduzir alguém a condição análoga à de escravo, quer submetendo-o a trabalhos forçados ou a jornadas exaustivas, quer sujeitando-o a condições degradantes de trabalho, quer restringindo, por qualquer meio, sua locomoção em razão de dívida contraída com o empregador ou preposto". São exatamente essas as características encontradas na cadeia produtiva que engloba imigrantes bolivianos no ramo de costura no Brasil.

O modo como ocorre o contrato entre os bolivianos e os patrões, muitas vezes pautado em uma perspectiva parental, contribui para o surgimento de um vínculo ambíguo entre esses atores, financeiro e moral, em que ou o costureiro passa a trabalhar por servidão por dívida, uma vez que "deve" ao contratante por ter sido trazido ao Brasil com as despesas pagas, ou vê o patrão por um viés paternalista e suporta a exploração à qual é submetido por entender que ela ocorre em uma relação de parentesco, em que, apesar de tudo, estará conectado a sua família.[6] O abuso, no entanto, é suportado pela maioria desde que não ultrapasse a linha da agressão física e humilhação pessoal. Aos quatorze anos, Silveria via em Denis um pai. Foi assim que ele se apresentou a ela quando a buscou no campo de La Paz. Ele seria sua família, disse. Em seu imaginário, ela devia a ele essa oportunidade. Ao cansaço do corpo miúdo e delicado da menina, somou-se o abuso psicológico. Ela tornava-se mansa. Tudo aceitava.

Junto à estratégia de adquirir o costureiro já em condição de dívida e à criação de um vínculo paternalista, os patrões exercem dominação sobre o trabalhador por meio do chamado "truck system", em que a disposição e o uso do salário pelo empregado são limitados por meio de coação ou induzimento na compra ou uso de bens essenciais fornecidos pelo próprio empregador, como a alimentação e moradia no local de trabalho. O contratante também se sobrepõe ao empregado valendo-se de sua indocumentação ou retendo seus documentos e ameaçando-o de o entregar à Polícia Federal. Sob pressão, o costureiro é proibido de sair na rua, receber visitas e ter qualquer contato com pessoas de fora. E é exatamente quando essa relação de dependência é excedida, com jornadas exaustivas, salários retidos e a liberdade de ir e vir cerceada, que os imigrantes se transformam em mão de obra escrava.[7] Moderna, velada, perpetuada à sombra de manequins, lojas e publicidades que escondem do público os mecanismos imorais que viabilizam seus funcionamentos.

Mesmo quando os costureiros recebem e possuem independência, o trabalho no setor é abusivo. As jornadas, longas e intensas, têm início às seis da manhã e são enfrentadas com uma alimentação quase sempre baseada em carboidratos, como batatas e massas, cardápio que se repete duas vezes durante o dia, no almoço e jantar. Depois de produzirem por três turnos, em locais pouco arejados e iluminados, às dez da noite a atividade se finda, totalizando dezesseis horas de costura. A consciência de que realizam um trabalho extenuante está presente na mente dos bolivianos, mas esse trabalho é justificado por eles pela necessidade de produzirem mais, para receberem mais. "Estamos ganhando", dizem. Então, se necessário, irão costurar até vinte horas por dia. O trabalho abusivo é naturalizado, aceito como normal, consequência do processo que participam. Por isso, a discussão sobre escravidão é tão combatida por alguns membros da comunidade boliviana, que não chegaram ao extremo de ter seus direitos individuais privados dentro da oficina de costura. Para eles, as jornadas de trabalho são ensinadas a serem entendidas como motivo de orgulho. Como manifestação de suas forças. Quebrar o ciclo vicioso desse modelo produtivo vai além de penalizar os responsáveis, e gerar condenação social, mas transformar a mentalidade que rege todos os envolvidos, inclusive a dos empregados. Nem todos são escravizados, é verdade. Mas muitos fazem parte de um processo que leva o trabalhador a uma exploração velada. O labor que desempenham é visto como importante para eles, mas isso não quer dizer que seja justo.

A manutenção dessa cadeia se vale da pobreza material que o boliviano vive no campo e da desconstrução cultural pela qual passam ao saírem de sua terra. As provações e simplicidade que enfrentam no altiplano boliviano são utilizadas como parâmetro para o oferecimento de trabalho. A pobreza do campesino é aproveitada para o estabelecimento da exploração, de forma que o imigrante aceita qualquer condição de labor imposta. Tirados de sua cultura, que se estabeleceu e resistiu nas circunstâncias difíceis da região, são realocados para outro país como parte produtora da economia globalizada, em um ambiente de exploração e sofrimentos criados pelo homem, mas disfarçados com roupagem de oportunidade. Nesse novo espaço, a identidade de boliviano do campo é perdida. A noção de coletividade trazida pela cultura andina, o culto à *Pachamama* (Mãe Terra), o uso das *polleras*, tranças, *aguayos*, tudo transforma-se em lembranças de um passado em que, se não tinham bens materiais, eram dignificados pela vida em comunidade, pelas histórias dos antepassados, pela identificação com um povo. Antes viviam em privações, mas inseridos em sua cultura. Nas oficinas, são reduzidos à mão de obra.

Nesse sentido, o estigma de escravo sobre o boliviano deve ser combatido. O boliviano residente no Brasil não é um escravo por definição, mas pode se encontrar em situação de escravidão de acordo com a realidade por ele enfrentada em nosso país. É um imigrante que chega ao Brasil e que, pelas suas características de vulnerabilidade social e financeira, é cooptado por um sistema perverso de exploração, tornando-se vítima da escravidão moderna. Em outros países, como nos Estados Unidos, o mesmo acontece com imigrantes oriundos de países próximos como México, Porto Rico e Haiti. Ou seja, a questão não é relacionada à moral ou nacionalidade do imigrante, mas sim a um problema produtivo.

Firmado sobre a produção individual, o salário do empregado depende da quantidade de peças costuradas por mês. O valor ganho por cada roupa entregue varia de acordo com a dificuldade da peça e, geralmente, fica em torno de 10% do recebido pelo patrão para a produzir.[8] Se o dono da oficina recebe um real e cinquenta centavos do contratante para entregar determinada blusa, o costureiro embolsará quinze centavos ao fazê-la e precisará trabalhar muito para alcançar uma quantia de dinheiro que satisfaça, no mínimo, as necessidades básicas de sua família, chegando ao extremo de sua capacidade física. O pagamento por peça não seria problemático caso fosse no valor de mercado. Entretanto, por ser muito baixo, faz com que o salário desses trabalhadores seja até quatro vezes menor que o piso salarial da categoria de costureiros, que é de mil e trezentos reais. Ao fim do mês, quando há grande produção e o trabalho consome dezesseis horas diárias, que podem chegar a vinte entre agosto a novembro devido às vendas de fim de ano, os empregados retiram pouco mais de quinhentos reais. No início do aprendizado, o valor recebido é ainda menor, variando entre cem e duzentos reais. No pagamento, há também quem tenha o salário previamente determinado por mês, prática não recorrente por não ser vantajosa, uma vez que os costureiros receberão menos trabalhando a mesma quantidade de horas dos trabalhadores que ganham por produção.[9] Em ambos os casos, os imigrantes não têm nenhum direito trabalhista garantido, o que os deixa à mercê da economia e ações dos contratantes, que podem, de uma hora para a outra, baixar o valor oferecido por peça e transformar em ainda mais desumana a rotina desses homens e mulheres. Nessa cadeia, não há negociação. Caso o costureiro ou donos de oficina não aceitem o pagamento estipulado pelo contratante, inevitavelmente haverá outros trabalhadores dispostos a fazer o trabalho. O ciclo se mantém.

O modelo de trabalho acima descrito está inserido no sistema da indústria da moda chamado de "sweating system". Nele, a cadeia produtiva é dividida em pequenas microempresas que concorrem entre si, o que proporciona a queda do valor do trabalho e o surgimento de condições degradantes de ofício. A rede de subcontratação dessas microempresas é baseada no menor preço encontrado para o pagamento por peça, na capacidade de produção de peças e no prazo de entrega. O método faz parte de um sistema maior que recorre a esses meios de empregabilidade para se isentar de responsabilidades trabalhistas e fiscais. O valor do trabalho é corrompido, diminuído. A mão de obra deve ser flexível, estar disponível a qualquer hora, submetida a jornadas extensas e sem descanso para ser competitiva. É assim, então, que vemos surgir no setor a escravidão moderna.

O Brasil é o quarto maior parque produtivo de confecção do mundo, faturando, em 2016, na cadeia têxtil e de confecção, trinta e sete bilhões de dólares e produzindo cinco bilhões de peças, segundo os dados da Associação Brasileira da Indústria Têxtil e de Confecção. A indústria do vestuário tem quase duzentos anos no país e é terreno fértil para proliferação de exploração por ser exatamente uma atividade de entrada, rentável, que necessita de um investimento fixo muito baixo para sua manutenção, que não precisa ter seus serviços realizados em lugares específicos, podendo ser desempenhados a domicílio, e sem necessidade de mão de obra especializada. Dessa forma, imigrantes econômica e socialmente fragilizados são alocados para esse setor que os explora para manutenção da alta produtividade.

Normalmente, o dono da oficina é um boliviano, que por sua vez trabalha para coreanos ou brasileiros que vendem o produto final em suas lojas no Brás, por exemplo, ou para empresas que agem como intermediárias entre os donos das oficinas e grandes marcas de vestuário. A exploração é sistêmica, vinda de corporações que buscam preços baixos no pagamento dos serviços que demandam e, sem o controle de suas cadeias produtivas, têm suas roupas terceirizadas em oficinas clandestinas. Os preços ínfimos destinados ao costureiro não refletem as cifras ostentadas em suas vitrines. O valor do trabalho imigrante é mísero. A mais-valia, exorbitante.

Para manter esse ciclo, o mercado de contratação da mão de obra barata boliviana não ocorre apenas na Bolívia, mas também em território brasileiro. A Praça do Pari, localizada no bairro que dá a ela o nome, era ponto de encontro de bolivianos que queriam rememorar sua cultura e buscavam lazer, mas também palco de realizações de negócios, onde donos de oficinas, coreanos, brasileiros e bolivianos apareciam entre as barracas que vendiam comidas típicas, vestuários e artesanato, em busca de novos trabalhadores. Hoje, o mesmo acontece na Praça Kantuta, a pouco mais de um quilômetro de distância da antiga praça, para onde se realocou a feira, em 2002, após a reclamação de vizinhos do Pari. A quantidade de pessoas que transitam e se encontram no local faz com que novas redes de relacionamento sempre sejam criadas, facilitando a propaganda de oportunidades em diferentes lugares, com salários e condições melhores, o que promove alta rotatividade de mão de obra nas oficinas e também explica o fato de muitos patrões tentarem coibir a saída de seus trabalhadores para a rua.[10] Em um mercado onde um único centavo gasto e não devolvido em forma de trabalho ao patrão é considerado fortuna, a troca de empregadores não é vista com bons olhos. Ao deixar quem o trouxe ao país por novas experiências, o costureiro é rotulado como ingrato e sua ação serve como justificativa para o antigo patrão não o pagar salários eventualmente retidos – seja porque o costureiro estaria devendo o café da manhã que tomou no dia em que comunicou a saída ou até mesmo por causa da conta de luz que não chegou, referente ao mês em que o boliviano trabalhou e fez uso da casa. Junto ao não pagamento, como forma de vingança pelo abandono, o trabalhador corre o risco de ser entregue com o novo contratante à Polícia Federal, que irá cobrar altas multas por cada trabalhador indocumentado encontrado.[11] O valor varia de acordo com o tempo em que o imigrante estava na oficina.

A prática de rotatividade e condições de trabalho diferentes às quais os bolivianos são apresentados com o passar do tempo faz com que alguns reivindiquem melhores salários e ambientes de trabalhos adequados. A postura, em vez de promover uma mudança positiva na realidade que vivem, faz com que os contratantes evitem bolivianos que já residem no Brasil e busquem por empregados no país de origem. Os que aqui vivem estão contaminados. Quando tomam consciência de seus direitos, já não são mais úteis, e a chegada de mais imigrantes para serem explorados é retroalimentada. Mas entre as repetições contínuas de movimentos, abusos físico e mental, posturas de combate e queixas sobre a vida imposta a eles são exceções.[12] O ofício, dia a dia, amansa os homens e as mulheres que perdem sua dimensão humana. Domesticados e servis, transformam-se em apenas ferramentas na mão do capital.

Hoje, quase quarenta e seis milhões de pessoas em todo o mundo são afetadas pela escravidão moderna, segundo relatório do Índice de Escravidão Global 2016, da Fundação Walk Free. Só no Brasil são cento e sessenta mil. Em 2015, um total de mil e dez trabalhadores foram retirados de condições análogas à escravidão no país, de acordo com o balanço do Ministério do Trabalho. Em 2016 o número caiu, com seiscentos e sessenta resgatados, e em 2017 e diminuição foi ainda maior, com apenas quatrocentos e quatro trabalhadores libertos. O número de resgates é o menor desde 2000.

Embora, em um primeiro momento, a diminuição de casos dê a impressão de que escravidão moderna esteja sendo erradicada no país, ela apenas revela uma queda nas fiscalizações realizadas. Nos últimos quatorze anos, a média anual de estabelecimentos inspecionados foi de duzentos e sessenta e um, número que, em 2017, foi de apenas cento e oitenta e quatro.

Apesar da queda, o Brasil tem sido considerado um país modelo no combate à escravidão moderna por sua legislação severa, apresentada no Artigo 149 do Código Penal. Uma das ferramentas utilizadas nessa luta é a divulgação chamada "lista suja", criada em 2003. Mantida pelo Ministério do Trabalho, a lista disponibiliza aos cidadãos os casos caracterizados pelo poder público como trabalho análogo ao de escravo e é atualizada a cada seis meses. Após os empregadores terem defesa administrativa em primeira e segunda instâncias, seus nomes são inseridos na lista por dois anos, tempo que pode ser encurtado caso haja um acordo com o governo. Assim, desde que cumpram os compromissos assumidos, os empregadores seguem para uma lista de observação e podem sair após um ano.

Embora o combate à escravidão moderna no Brasil seja reconhecido, desde quando a definição de trabalho escravo passou a existir em lei, em 2003, tramitam no Congresso Nacional propostas para alterá-la. Em outubro de 2017 houve uma tentativa de mudança, com a publicação de uma portaria pelo presidente Michel Temer, em que foram modificados as definições e os parâmetros para realização de fiscalizações. Entretanto, em um primeiro momento a mudança foi suspensa por decisão da ministra do Supremo Tribunal Federal Rosa Weber após pedido do partido Rede Sustentabilidade, que alega desvio de poder na edição da portaria.

A escravidão moderna é configurada no Brasil quando algum dos seguintes elementos são encontrados: trabalho forçado, jornada exaustiva, condições degradantes e restrição de locomoção por dívida. A portaria propunha o cerceamento de liberdade como condicionante para a caracterização de "condições degradantes" e de "jornada exaustiva", diferente do que apresenta o Artigo 149 do Código Penal, que diz que a presença de qualquer um dos elementos é suficiente para caracterizar a escravidão moderna, sendo, portanto, um independente do outro. Essa definição, que torna os elementos dependentes do cerceamento de liberdade, diminuiria drasticamente os resgates, pois nos últimos dois anos, dos mil cento e vinte e dois trabalhadores libertados, cento e cinquenta e três deles, 14% do total, tinham restrição de locomoção. Dessa forma, se a portaria tivesse entrado em vigor há dois anos, quase mil trabalhadores não teriam sido libertos.

A portaria também reforçava a questão do não consentimento do trabalhador para a caracterização de trabalho forçado, o que tem sido até então considerado indiferente para autuação. Para as fiscalizações serem consideradas válidas e os empregadores serem inseridos na lista suja, passaria a haver a necessidade de um boletim de ocorrência lavrado por uma autoridade policial que tenha participado da operação. Assim, a autoridade sobre a definição da escravidão ou não sairia da mão do auditor fiscal, que é efetivamente o especialista no assunto. A formação da lista suja também passaria por alterações. De acordo com a portaria, ela deixaria de ser divulgada obrigatoriamente pelo Ministério do Trabalho e ficaria condicionada ao poder político, cabendo ao ministro do Trabalho autorizar a inclusão dos nomes dos infratores e decidir sobre sua divulgação.

Organizações e entidades ligadas ao tema afirmaram que a mudança dificultaria o combate à escravidão moderna e estava relacionada aos interesses de grupos de poder no país, como a bancada ruralista, que tem gigantes do agronegócio como a JBS Aves e a Sucocítrico Cutrale inseridos na lista suja. A Organização Internacional do Trabalho afirmou que a mudança das regras representaria um grande retrocesso na história do país, deixando parte da população brasileira, que já vive em vulnerabilidade, ainda mais indefesa.

Após pressão de especialistas no tema, repercussão na sociedade civil e suspensão da portaria pela ministra Rosa Weber, o Governo Federal recuou e apresentou definições mais duras para caracterizar trabalho escravo, deixando em vigor as regras passadas. Entre as mudanças apresentadas, foi retirada a exigência da autorização do Ministro do Trabalho para divulgação da lista suja das empresas autuadas por manter trabalhadores em condição de escravidão. No texto da primeira portaria proposta, por exemplo, a jornada exaustiva era definida como "a submissão do trabalhador, contra a sua vontade e com privação do direito de ir e vir, a trabalho fora dos ditames legais aplicáveis a sua categoria". Agora, ela foi ampliada para "toda forma de trabalho, de natureza física ou mental, que, por sua extensão ou por sua intensidade, acarrete violação de direito fundamental do trabalhador, notadamente os relacionados a segurança, saúde, descanso e convívio familiar e social." O conceito de condição degradante também foi modificado. Na primeira portaria, ela havia sido definida pelo governo como "caracterizada por atos comissivos de violação dos direitos fundamentais da pessoa do trabalhador, consubstanciados no cerceamento da liberdade de ir e vir, seja por meios morais ou físicos, e que impliquem na privação da sua dignidade". No novo texto, condição degradante passou a ser entendida como "qualquer forma de negação da dignidade humana pela violação de direito fundamental do trabalhador, notadamente os dispostos nas normas de proteção do trabalho e de segurança, higiene e saúde no trabalho". Dessa forma, trabalho forçado, servidão por dívida, jornada exaustiva e condições degradantes passam novamente a serem avaliados de forma independente para configuração da escravidão moderna. Não será mais necessário também que haja um boletim de ocorrência lavrado por uma autoridade policial que tenha participado da operação.

A manutenção das regras originais no combate ao trabalho escravo foi considerada uma vitória importante na defesa de direitos básicos fundamentais. No entanto, o momento atual ainda é avaliado como de extrema instabilidade e indefinição sobre questões trabalhistas no Brasil.

No histórico de combate à escravidão moderna, em 2013, foi sancionada no Estado de São Paulo a Lei 14.946/2013 do deputado Carlos Bezerra Jr., que pune empresas paulistas que utilizarem trabalho análogo à escravidão em seu processo produtivo. Considerada referência no combate à escravidão moderna pela Organização das Nações Unidas, a lei caça a inscrição no cadastro de contribuintes do Imposto sobre Operações Relativas à Circulação de Mercadorias e sobre Prestações de Serviços de Transporte Interestadual e Intermunicipal e de Comunicação (ICMS) das empresas flagradas na exploração dos empregados, seja direta ou indiretamente, por dez anos. Os sócios, pessoas físicas ou jurídicas do estabelecimento, serão impedidos pelo período de exercer o mesmo ramo de atividade, ainda que em estabelecimento distinto do que o condenado, e proibidos, também, de pedir a inscrição de uma nova empresa no mesmo ramo de atividade.

A eficácia da legislação está exatamente em penalizar as marcas naquilo que tem mais valor na lógica capitalista que as rege:

o bolso. De acordo com um estudo do Ministério Público do Trabalho (MPT), uma empresa que utiliza de trabalho escravo economiza dois mil trezentos e quarenta e oito reais em relação a cada empregado que ganha um salário mínimo. A vantagem na exploração é alta, então a sanção sofrida deve ser ainda maior para que a prática seja interrompida. Sem a possibilidade de continuarem no ramo caso pegas escravizando trabalhadores, as marcas têm voltado a atenção à cadeia produtiva que utilizam para a confecção de seus produtos.

A lei encarou uma série de tentativas de anulação ou flexibilização, como a Ação Direta de Inconstitucionalidade que tramita no Supremo Tribunal Federal e foi proposta pela Confederação Nacional do Comércio de Bens, Serviços e Turismo. Segundo a Confederação, a lei seria "manifestamente inconstitucional". Entre os apontamentos citados, afirma que o texto viola o artigo 5º, inciso XLV, da Constituição, ao impedir a individualização da pena, e também, segundo a ação, a lei prevê erroneamente a responsabilização dos estabelecimentos por atos criminosos praticados por terceiros, sem ao menos considerar a culpabilidade dos comerciantes.

Sendo terceirizada ou não, entidades voltadas ao tema e especialistas no combate à escravidão moderna apontam que a produção da roupa deve ser de responsabilidade da marca. Tirar do nome que está na etiqueta a culpa pela exploração e a levar aos terceirizados que produzem as peças é corroborar para a manutenção do sistema escravocrata. Penalizar apenas os intermediários e não aqueles que efetivamente recebem os maiores lucros com as vendas das roupas desobriga as empresas contratantes de olharem para a produção que estão alimentando e, assim, as autoriza a continuar utilizando mão de obra escrava de forma velada, pois a dívida com a dignidade humana que eles criam nunca será computada. Mais uma vez, os interesses corporativos em busca da manutenção de lucros exorbitantes tentam se sobrepor aos direitos humanos.

O bairro do Pari recebeu Silveria numa tarde no início de abril de 2004. O sol ardia forte e o ar pesava nos pulmões. Era outono, mas o calor lembrava o meio de um verão intenso. Os sons das ruas tomadas por pessoas e veículos chegavam em seus ouvidos abafados, como se viessem de longe, a uma distância ainda maior do que a real. Ela não distinguia os barulhos, perdia-se em seus pensamentos, olhando as construções antigas e casas mal pintadas entre os fios elétricos emaranhados que caíam do céu. A oficina escondia-se do mundo atrás de um portão de ferro no coração do bairro. Nada naquela casa ordinária e pobre revelava uma pequena fábrica de roupas aos que passavam. Tudo era discreto e mudo, alheio à vida real. Trabalharia como overloquista junto com a irmã. Era um boliviano e chamava-se Florêncio, o patrão. Como não sabia costurar, Celia a ensinou.

No quarto que as duas dividiam cabia apenas dois colchões finos e nada mais. Os retângulos de espuma eram vestidos por roupas de cama velhas e as estampas eram tão desbotadas que quase não podiam ser mais vistas, forradas com pequenos furos feitos por traças e manchas amarelas. A parede, cuja pintura um dia fora branca, era descascada e coberta de mofo, e o reboco estufado por infiltrações esporadicamente pendia em pequenos pedaços que caíam no chão e sujavam o cômodo. Celia dormia no colchão de casal com o marido e o filho e Silveria ocupava o de solteiro com Nadia. Acordavam às sete da manhã e podiam descansar após às duas da madrugada. O rádio sintonizado em estações bolivianas irregulares a acompanhava nas tardes monótonas. Ouvir as canções e notícias da terra natal amenizava o sofrimento causado pelo ofício. Silveria distraía-se, transportava-se para outro mundo. As oficinas todas escutam suas programações diariamente em volume alto, preenchendo os cômodos da casa com uma nostalgia leve e esperançosa.

Em São Paulo, hoje há cerca de quatorze rádios bolivianas FM e inúmeras iniciativas na internet. Dentro da coletividade boliviana, essas emissoras desempenham funções múltiplas. Em um primeiro momento, são forma de ligação com o país de origem, onde rememoram sua cultura e se sentem, ainda que distantes, em casa. Depois, passam a funcionar como fonte de prestação de serviço. É por meio delas que os imigrantes recebem orientações sobre cuidados de saúde, regularização de documentos, ofertas de emprego em diferentes oficinas, além de notícias sobre a Bolívia e o Brasil. Pelo poder que detém e penetração nas oficinas, as relações de poder que dominam as emissoras muitas vezes não são claras e não se sabe quais interesses que estão por trás das veiculações de seus programas. Independente da finalidade, são nas ondas clandestinas e na web em que a comunidade boliviana tem acesso a informações que não teriam de outra forma e se vê representada. Os programas os unem, divulgam festividades e valorizam a cultura do país que deixaram ao imigrar.

Entre uma notícia e outra, Silveria e os colegas eram lembrados da oportunidade de estarem no Brasil e de como deveriam se unir como comunidade. Os trabalhadores eram ensinados a valorizarem suas vidas. Na época, a mulher os ouvia e lembrava-se de que o futuro a traria algo melhor. Deveria ser paciente, pensava.

Com Florêncio, recebiam comida, lugar para dormir e cento e oitenta reais por mês. Silveria não reclamava. Com o dinheiro, podia comprar as fraldas da filha e ainda sobrava cerca de cento e cinquenta reais para enviar aos irmãos. Não retinha nada para ela. A miséria era tanta que precisava pedir para a irmã não comer com a família na frente dela e da menina. Celia não precisava enviar dinheiro para a mãe. Era casada.

"Celia, pede para o Adriano não comer na frente da gente. A gente não tem dinheiro para comprar essas comidinhas", os salgados, bolachas e balas que enchiam a boca do pequeno. "A Nadia passa muita vontade."

"Quando você tem marido, tudo deve ser diferente", pensava.

"Vamos, Silveria. Eu vou montar uma oficina e você vai ajudar. Agora você sabe mexer em máquina." Depois de cinco meses trabalhando para um homem que considerava bom, veio o convite.

"Agora, Celia? As pessoas aqui são boazinhas!"

"Não, você vai me ajudar, eu vou te pagar o que pagam aqui", prometeu a irmã.

Desde que chegara ao Brasil, em 2000, Celia e o marido passaram a guardar dinheiro para comprar máquinas e montar o próprio negócio. Haviam finalmente conseguido um montante razoável e ainda teriam Silveria para trabalhar como empregada. Era chegada a hora de abrirem a oficina.

Ela foi. Como estaria ao lado da irmã, o medo sempre presente de ser maltratada não a impediu. "Que mal ela pode me fazer?" O cunhado trouxe o irmão da Bolívia, chamado Pablo, e os quatro formaram os trabalhadores. A casa era pequena, um quarto, um banheiro e uma cozinha. Todos dormiam no mesmo lugar. A rotina se repetia. Acordados desde as sete da manhã, dormiam às duas depois de terem trabalhado muito.

Um mês se passou. Era hora do pagamento e com ele veio o aviso.

"Vão ser cento e cinquenta reais por mês, Silveria."

"Mas, Celia, lá eu tava ganhando cento e oitenta! Você prometeu. Por favor, isso é muito pouquinho."

"Se vira. Se você quiser ganhar isso, vai ter que trabalhar mais. Se não, pode ir embora."

Para complementar a renda, a mãe solteira começou a cozinhar para a família e limpar a casa. Com o dia repleto de tarefas, três turnos de costura somados aos afazeres domésticos, quase não tinha tempo para a filha. A menina era fraca e chorava muito. Pablo a odiava. Maldizia a bebê e a mulher solteira que a colocara no mundo em cada som da criança que ecoava junto ao barulho das máquinas.

Santana

Às nove da manhã saiu de casa. À pé, apenas com o café da manhã em pão seco, perguntou o caminho para transeuntes na rua. Se perdeu, como temia que acontecesse, e ao sol de meio-dia ainda não havia encontrado o destino. Com a menina no colo, chorou. Estava sozinha, perdida e irregular. Continuou, porque a filha não poderia morrer.
Às duas da tarde adentrou na recepção do hospital.
"Vamos ter que amputar a ponta do dedo", disse o médico quando examinou a mão de Nadia. Já havia se passado duas horas de espera e Silveria estava exausta. Não podia acreditar. As enfermeiras explicaram que teriam que internar a filha.

Foi em um fim de tarde que Nadia se acidentou. Silveria trabalhava havia horas. Enquanto costurava, um pouco da luz do sol iluminava o corredor em frente ao quarto que comportava a oficina e deixava no cômodo sinais do mundo que corria lá fora. A boca da mulher movia-se silenciosa, acompanhando a canção que vinha da rádio, enquanto as máquinas tocavam em mesmo tom a música do trabalho intermitente.
Ela fazia os últimos ajustes em uma blusa quando a agulha parou. Silveria apertou o pedal mais forte e nada aconteceu. No chão, uma poça de sangue tingiu o piso. A filha estava imóvel embaixo da mãe. No começo não gritou, não chorou. Sequer emitiu um som. Estava paralisada. Silveria puxou a mãozinha da pequena, de pouco menos de um ano de idade. O indicador direito, preso no motor da máquina, estava dilacerado.
Vítima de acidente doméstico, Nadia não era a única. Silveria já havia ouvido muitas histórias de crianças que se ma-

chucavam enquanto esperavam os pais trabalharem. "Isso acontece o tempo todo", disse Celia para tranquilizá-la. Não havia o que fazer, ela sabia, embora de si não saísse a culpa de ter fracassado até como mãe. Em meio aos tecidos e equipamentos, os pequenos brincam na infância vivida na oficina. Só assim podem estar por perto dos adultos. Nadia era ainda muito nova para ficar trancada em algum quarto, como acontecia com as crianças mais velhas. Engatinhava pelo espaço quando colocou a mão no motor da máquina, que ficava próximo ao chão.

Quando viu a menina, a mãe se encontrou no dilema de tantos pais. Tinha medo de sair na rua. Chegaria no hospital sem documentos, como poderiam ajudá-la? Ela não se sentia segura. Pediu para a irmã a acompanhar. Com Celia, foi.

No hospital Santana, ninguém a entendeu. Silveria, que não saía na rua, ainda não havia aprendido português direito. Foi a irmã quem explicou o acidente para os profissionais. A médica ouviu, mas mal examinou a criança. Mandou que fizessem um curativo no machucado, proteção que saiu assim que voltaram para casa. O atendimento precário, muitas vezes mal feito apenas por se dirigir a um imigrante, a fez desistir de tentar ir até o hospital novamente. A solução que encontrou foi a que a maioria dos costureiros escolhem: o autocuidado, onde práticas quase já esquecidas do campo do altiplano, como a utilização de remédios caseiros e ervas, são muitas vezes retomadas.[13] Hoje, o direito de acesso ao Sistema Único de Saúde é mais conhecido pelos imigrantes graças a iniciativas feitas pela Estratégia Saúde da Família com rádios bolivianas, que veiculam informações sobre atendimentos hospitalares e campanhas de saúde.

Sem apoio, Silveria improvisou e, com gaze, tratou ela mesma a mão da filha. A tentativa não vingou e em alguns dias a menina tinha os dedos todos infeccionados.

Com o quadro se alastrando para toda a mão de Nadia, Silveria entendeu que seus curativos não faziam efeito. Ficou desesperada. Achou que perderia a menina. Foi até Celia e pediu para ela acompanhá-la novamente até o hospital.

"Se você quiser ir, pode ir, porque eu não tenho tempo mais para isso. Preciso trabalhar e pagar as contas. Meu marido tá ficando bravo de eu perder tempo com você", respondeu sem a olhar, a irmã.

Silveria não conhecia a cidade.

"Como vou chegar no hospital, Celia? Por favor."

"Não, Silveria. Eu não posso perder tempo com isso. Já disse."

Foi então que saiu pela manhã sozinha para salvar a vida da filha e se perdeu, demorando horas até chegar ao hospital. Depois de falar com as enfermeiras e ser avisada de que o dedo de Nadia deveria ser amputado, também foi informada que uma assistente social iria procurá-la: "Ela vai vir aqui para te perguntar algumas coisas e você deve contar o que aconteceu", avisou uma das recepcionistas.

Para uma imigrante irregular que ainda não falava português, aterrorizada pela cultura de ameaças que criavam nela a sensação de ser vista como uma estrangeira criminosa, a diferença entre assistente social e Polícia Federal não existiu. Ela não entendeu. No quarto onde estava com a menina, branco e com a luz baixa, o relógio marcava nove horas da noite. Ela não sabia o que fazer, a quem recorrer. Seria presa. Nadia, separada dela. Pediu para uma das enfermeiras para ligar para um tio.

"Eu saí de casa de manhã e ainda não voltei, eles devem estar preocupados."

Como a menina chorava na ausência da mãe, Silveria perguntou se poderia levá-la até a recepção. A enfermeira deixou, desde que não demorasse. Foi em um instante ínfimo, quando o segurança que ficava na porta do hospital virou-se, que, como um vulto, a mãe atravessou as portas do local. Fugiu com a menina. Correu. Depressa. Até o estômago doer com a respiração ofegante. Cansada, começou a caminhar. Andou muito. Parou quando era uma da manhã. Estava perto de uma enorme ponte de ferro e amarela. Com a referência, ligou para um parente.

"Tio Paulo, eu tô perdida. Tô em uma ponte amarela com ferros."

"Você está perto da Globo?"

"Eu não sei, acho que sim. Eu fugi do hospital, iam me prender."

"Acho que não iriam fazer isso, filha. Fica onde você tá. Eu vou te buscar."

Comprou álcool, iodo e água oxigenada para a sobrinha. Limparam a mão da pequena. Com dois dias, o machucado melhorou, mas voltaram ao hospital e não salvaram a ponta do dedo.

Paulo

No começo, era uma tosse. Depois, pequenos pontos vermelhos de sangue sujavam a mão quando protegia a boca. No fim, manchas densas e grandes do líquido preenchiam os panos que utilizava para se limpar. Os sintomas começaram em Celia, logo passaram para Nadia, mas foram em Silveria que se manifestaram da forma mais intensa. A tuberculose veio com o ambiente fechado e a umidade que eram expostas todos os dias.

O cotidiano cruel que vivem os bolivianos é intensificado pelo ambiente ainda mais miserável de trabalho. As oficinas são espaços reduzidos que funcionam como local de costura e moradia. Casas antigas, pequenas, com infiltrações, fungos, sem ventilação e pouca iluminação fazem desses locais totalmente insalubres. Trabalhavam sem janela e trancadas, as mulheres, respirando o pó fino e invisível que sai dos panos quando costurados e, silenciosos, preenchem os pulmões. Os corpos já tão sofridos das costureiras, ainda mais castigados. Tão demasiadamente castigados.

Silveria resistiu ao atendimento médico e cedeu apenas quando não conseguiu mais permanecer em pé. Passou três semanas no hospital Tatuapé. Sozinha, em seu leito asséptico e triste. Três semanas sem trabalhar. Nesse tempo, chorou muito. A filha, que ainda amamentava, ficou com a irmã. "Por ela, graças a Deus tem quem olhe." Por Silveria, não. Nos vinte e um dias em que passou internada, não recebeu uma visita. Existiu como se fosse só no mundo. Não telefonou para ninguém, não recebeu telefonemas. Tinha apenas os funcionários do hospital como companhia. Contou para eles toda sua história. Compadeciam-se dela.

No dia em que recebeu alta, ligou para a irmã ir buscá-la. Estava tão ansiosa para ver a filha que não pôde esperar e perguntou por ela já no telefone. "Tá bem, irmã. Ela está esperando você", respondeu Celia.

Quando chegou na oficina, precedeu a irmã e o cunhado para abrir a porta. Dentro da casa escura encontrou Nadia no chão. A menina estava suja e em seus cabelos negros pequenos pontos brancos se moviam.

Eram tantos piolhos que, distante, Silveria os enxergou.

Por seis meses, mãe e filha tiveram que ir diariamente ao hospital para terminar o tratamento contra tuberculose. Até chegar ao local e receber o medicamento, perdiam mais de uma hora do dia. A inflamação no dedo da menina, a amamentação durante o expediente, a doença, o tratamento. Tudo era demais para Danilo, marido de Celia, que não aceitava a ausência da cunhada. Estava sustentando uma vagabunda. Mulher que não trabalhava.

Nessa época, Silveria pensava muito na mãe. Na mulher que concebera cinco filhos e que, em uma existência doída, não sabia o que fazer de si. Já sofria muito, solteira e com uma criança, então tentava imaginar o que Julieta havia enfrentado. Perdoou a mãe, assim, em uma tarde em meio a um de seus pensamentos. "Eu desculpo ela porque eu acho que ela queria o nosso melhor. Ela devia sofrer pra cuidar da gente." Com os anos, a raiva deu lugar à compaixão e Silveria aprendeu a agradecer a mulher. Quando as coisas ficavam muito difíceis, imaginava que Julieta podia a ouvir, e pensava: "Obrigada, mamãe, por ter nos ensinado a trabalhar".

Era um dia como tantos outros e Silveria fazia o caminho até o hospital. Ia distraída, porque quase nunca tinha tempo para pensar em qualquer coisa que quisesse. Olhava a gente pela rua, a menina em seus braços, as lojas, o céu. Tudo parecia um pouco mais leve quando andava assim. Até que Celia cruzou os seus passos.

"Quem mandou você ir embora? Quem deixou? Eu vou ligar para a polícia e te denunciar. Você vai ser presa e vão tirar sua filha de você. Se você não voltar eu faço isso, Silveria. Eu faço isso!"

"Liga, Celia. Liga para a polícia. Eu não tenho mais medo. Eu já passei por tudo. Faz o que você quiser fazer, se tirarem minha filha eu vou acusar você pra sempre disso." As duas gritavam na rua. Celia seguiu-a até o hospital, ameaçando cada vez mais a irmã.

Quando chegaram, estavam esgotadas. Celia chorou.

"Silveria, me desculpa. Eu não queria fazer isso com você. Meu marido me obriga. Você sabe, você é mãe solteira."

"Eu vou me distanciar de você. Eu precisava sair da sua casa. Um dia você vai entender. Vou trabalhar com o tio. Não vou guardar rancor. Você fica com o seu marido."

Virou-se e entrou no hospital. Celia a observou sumir. Ficou parada enquanto as lágrimas ainda secavam no rosto. Pensou na vida das duas. Deixaria o caminho livre para a irmã. Ela, que nunca pôde fazer escolhas.

As coisas mudaram na vida de Silveria quando Paulo a recebeu. Ainda era madrugada quando Silveria fugiu da oficina da irmã. Após mais uma noite de humilhações, soube que não poderia ficar com eles. Partiu sem avisar. Se dissesse, eles não deixariam. Consigo, levou apenas a filha. Bateu na porta da casa de Paulo. O primo, a quem Silveria chamava de tio, atendeu. Tinha uma feição amável e era muito calmo o homem. Lembrava Jorge. Silveria gostava muito dele. "Era uma pessoa genuinamente boa." Abraçou a sobrinha, pegou a pequena Nadia no colo e avaliou a mãozinha da menina.

"Tá ótimo, Nadia! Parabéns!" Ele praticamente não havia visto a menina desde que a buscara na Ponte Estaiada naquela noite de fuga. Mais uma vez, fugidia, Silveria o encontrava. Pediu dinheiro emprestado. Não havia mais modo de viver no país. Iria voltar para a Bolívia.

"Eu não consigo trabalhar, tio. Não tem como continuar na casa de Celia. Eu sou mãe solteira, ela me humilha muito."

"Você vai trabalhar, sim. Fique aqui. Eu vou te pagar trezentos reais."

Ela quase não acreditou no que ouviu. "Eu estou ganhando cento e cinquenta, tio. Trezentos reais é muito bom."

Era início de 2005 e ela ainda não havia terminado o tratamento contra a doença. Explicou para Paulo as pausas que faria durante a semana e prometeu repor o tempo perdido aos domingos. Ele aceitou.

Silveria trabalhou com uma troca de roupa por um mês. As poucas peças que possuía haviam ficado na irmã e ela tinha medo de ir buscar. Usava o que vestia no corpo quando fugiu.

Paulo era dono de uma oficina de costura e pai de dois meninos. José e Marcos eram um pouco mais velhos que Nadia e faziam companhia para ela durante as tardes que passavam em meios às roupas vendo televisão. Silveria os observava de longe enquanto trabalhava. Na oficina, costurava ao lado de mais vinte trabalhadores. A produção era grande, a casa maior, e o retorno, bom. A rotina acontecia como as anteriores, das sete às duas da manhã. No almoço, comiam bem. Arroz com ovo, arroz com frango, diferente da maioria dos outros lugares. "A comida aqui é muito boa e a atenção também", pensava. Paulo tratava Nadia como filha, o que lhe deu título de padrinho da menina. Comprava roupas e fraldas para a criança e a levava para passear durante a tarde. Depois de pouco tempo morando com o tio, Silveria jamais havia pensado que poderia viver tão calma e feliz. A convivência fez surgir um carinho mútuo entre ambos. Gostava tanto de Paulo que decidiu ajudá-lo em tarefas que não deveria. O tio acordava cedo para vender roupas na feira e a sobrinha despertava logo depois para arrumar todo o quarto e o banheiro do homem.

"Quem limpou meu quarto? Silveria, né?"

"Isso, tio."

"Obrigado."

Além de limpar os aposentos, aos domingos, após costurar, ela também trabalhava em uma venda de bebidas que Paulo tinha. Não cobrava pelas horas que ficava no local. Fazia por prazer. "Quando você é tratado bem, tem que saber retribuir para a pessoa e compensar com seu trabalho", dizia para ele.

Todo mês, a pedido de Silveria, metade do que recebia era guardada pelo tio. Ele entregava pequenas quantias para a sobrinha à medida que as necessidades apareciam. Ao fim do ano de 2005, ela tinha dinheiro suficiente para visitar a família na Bolívia e ainda sobrava para urgências futuras.

António

"Quanto você trouxe, Silveria?" A mãe não disse olá. Quis saber, antes, do dinheiro. A filha estática em sua frente a olhava como um espelho envelhecido pelo sofrimento. Com a postura encurvada, como a de quem se esconde, os olhos antes apenas apertados eram agora também baixos. Julieta os fitava com a feição severa de sempre, quase não havia mudado. Levava sobre as pernas sua *polera* colorida, e, na cabeça, o chapéu de palha escondia o cabelo já um pouco ralo e grisalho.

Silveria foi inquieta com a filha na viagem em direção a sua terra. Era dezembro de 2005. Mal descansou no percurso de sete dias. Pensava na família que não via há quase dois anos. Em como as crianças estariam. Lembrava-se da vida no campo, da feira. De tempo em tempo abria a bolsa que tinha consigo para ver se o dinheiro estava lá. Levava três mil reais para os irmãos. Quando recebeu, Julieta a agradeceu.

"Obrigada por não ter parado de nos ajudar", disse. "Mas agora que seus irmãos estão crescendo, preciso de mais."

"Eu vou ajudar, mamãe. Mas preciso cuidar de minha filha também."

Nos três meses que ficou com a família, Silveria fez tudo o que pôde para os irmãos. Sentia saudades deles. "Esse tempo distante é muito." Levava-os para comer fora, para passear nas praças, ouvir música pelas ruas. Para Martín, comprou um par de chuteiras. O grande presente da vida do menino, que já era rapaz. Como ficou contente. O sorriso e os olhos em tom de felicidade foram tão lindos que Silveria se lembraria deles em imagem viva anos afora.

No início de abril de 2006, voltou para o Brasil acompanhada de dois trabalhadores. Gilda, moça que levava como empregada para a irmã, e António, jovem que trabalharia com o tio.

Em dois anos, Silveria e ele estariam casados e seriam pais do pequeno Ruben.

Dois dias antes de partirem da Bolívia, Silveria encontrou com o rapaz no Mercado Rodriguez. Ele mal a olhou. Deu oi e a chamou de tia, mesmo tendo os mesmos vinte e um anos de vida que ela. Queria mostrar respeito. Encontraram-se no terminal de ônibus da cidade, de onde partiram para Santa Cruz. De Santa Cruz, seguiram para o Paraguai, onde atravessaram para o Brasil.

De tão tímido, era engraçado. Silveria ria do jeito introspecto do rapaz. Era baixo e moreno, as mãos pequenas se encolhiam quando falava. O nervosismo de estar com um desconhecido se fazia nítido também nos olhos, que nunca se erguiam para encarar o outro. Era um homem que vivia dentro de si. Silencioso. Em seu recolhimento, externava-se mais que os que se mostram. Achava-se simples, ordinário, insignificante. A vida do próximo sempre valia mais do que a dele. Era manso, uma pessoa de sacrifícios.

Receberam sopa rala e o chá como alimento durante a viagem até o Brasil. A comida nunca era o suficiente. Os quatro dormiam famintos, o estômago os despertava, doendo. Fizeram a primeira refeição com carboidrato e proteínas o suficiente para o sustento de seus corpos quando atravessaram a fronteira do Brasil. O restaurante pequeno, com mesas de plástico antigas com riscos e sujeiras, oferecia comida à vontade mediante o pagamento de quinze reais. António olhou e olhou para as vasilhas cheias de alimento. Estava perdido. Silveria viu que ele não se movia, e perguntou se estava tudo bem.

"Tá, tia. Mas você pode pegar pra mim? Eu tenho vergonha."

Silveria entregou o prato cheio, com arroz, feijão, carne e batata frita. "Ele deve estar com fome, a gente não come nada", pensou. Para acompanhar o sólido, comprou uma garrafa de Coca-Cola e dividiu com os dois colegas. Deixou o refrigerante na mesa e se retirou para fazer seu prato. Voltou, puxou a cadeira e se sentou. No mesmo instante, António se levantou. Foi comer sozinho. Deixou as duas mulheres com Nadia, rindo de sua tola vergonha.

"A Celia tá com tuberculose de novo", avisou o cunhado. Silveria havia acabado de chegar a São Paulo e a irmã precisaria de sua ajuda na oficina. Ela não podia dizer não. Seu zelo não a deixava. Entre a história das duas, a reminiscência do distanciamento e das humilhações não impedia que a irmã mais nova guardasse em si a consciência do dever para com Celia. Sua família, lembrança de sua história.

Na oficina de Paulo, tudo ocorria em rotina, repetida e exaustiva como em tantas outras casas. Silveria retornou para lá após um mês ao lado da irmã. Continuou trabalhando para o tio, cuidando de Nadia, e António permaneceu em seu silêncio ensimesmado. A mudez era acompanhada da bebida nas horas de folga. Era como o homem se esquecia do que quisesse esquecer. Silveria o repreendia: "Você tem que parar de beber assim. Nós viemos para cá para guardar dinheirinho, não para gastar. Você tem que guardar o seu para ir embora". Quando ela falava, ele a ouvia, e, por um tempo, não bebia mais.

"Cadê seu marido?" A pergunta saiu de sua boca com vida própria. Tão logo quanto disse, António se arrependeu. Já era outubro de 2006 e trabalhava com Silveria há sete meses. Olhava-a com olhos bons. Achava-a uma mulher forte.

"Na Bolívia", respondeu de pronto, Silveria. A pergunta sempre desconsertava a mulher que tinha vergonha de dizer que era mãe solteira. "É que eu gosto de trabalhar assim, António, sozinha", justificou-se, quando viu que o homem tinha em sua face expressão de desconfiança.

"É verdade, é melhor, às vezes", respondeu sem olhar em seus olhos, indiferente.

Foi só no fim de dezembro que António criou coragem para dizer para a colega de oficina que sabia que ela havia tido uma filha fora de casamento.

"Por que você não tem marido? Me conta. Eu sei que não tem."

Silveria silenciou. O olhou com a expressão aborrecida.

"Eu não gosto de falar sobre isso porque tenho raiva, António."

O homem assentiu e desculpou-se com um convite para saírem no dia seguinte. Ela aceitou. Foram até a praça Kantuta com Nadia. Comeram, conversaram. O domingo passou alegre e quente para os três.

Os dias de 2007 trouxeram a amizade dos dois. António já não se lembrava de sua timidez e semanalmente chamava Silveria para sair. Sempre levavam Nadia. A menina, já com três anos, ia empoleirada no colo do rapaz. A mãe olhava para as mãos pequenas do homem sustentando o corpo da filha e achava curioso. "Nossa, como ele gosta de criança!"

António sempre perguntava sobre o que esperava do futuro.

"Você não pensa em casar um dia?"

"Eu acho que não, preciso cuidar dela", respondia, olhando para a menina.

Iniciou-se a primavera e com a estação chegava também o aniversário de Silveria. Dezenove de setembro amanheceu em uma quarta-feira. Silveria estava com Nadia no quarto em que dormia quando António a entregou seu presente.

Um urso de pelúcia e uma blusa vermelha.

A mulher os segurou nas mãos sem saber o que dizer. Olhou para o amigo grata e desconsertada.

"Por que você tá gastando dinheiro assim comigo? Você precisa guardar. Um dia você vai precisar desse dinheirinho quando envelhecer. Você tem que guardar."

"Obrigado por se preocupar, mas eu quero te dar", respondeu, retirando-se do cômodo, com um sorriso já não mais tímido como ele.

Dois panetones em cima da mesa. Silveria, Verónica, Silvana e Martín. No rádio, uma música tocava baixa. Os quatro irmãos, abraçados, olharam para a ceia de natal que teriam, e choraram. A massa com frutas cristalizadas foi o que comeram na noite em que se celebra o nascimento de Cristo. Os quatro e Nadia.

Silveria foi visitar novamente a família em dezembro de 2007 e com ela ficou até o fim de fevereiro. Nesse tempo, encontrou um trabalho em uma cooperativa de mineiros e pensou em não voltar ao Brasil. Mas Paulo insistiu pela funcionária. António, que viajou ao país no final do ano, também. Enquanto estavam na Bolívia, se encontraram e saíram juntos. Ele retornou ao Brasil em janeiro e esperou por Silveria.

Casaram-se no dia vinte e três de abril de 2008.

Rita

O pequeno Ruben puxou o nariz fino e longo da mãe. Os cabelos, negros e lisos. Os olhos, grandes e mais arredondados do que os do restante da família. Seria um menino falante e inquieto, nenhum resquício em seu meio de ser dos pais. Com um homem e um filho ao seu lado, Silveria foi desobrigada de enviar mensalmente dinheiro para a mãe.

Guardavam tudo que recebiam e logo tinham uma boa quantia. Mas precisavam de mais. Em 2009, saíram da oficina de Paulo para trabalhar em outros lugares.

Celia pediu a ajuda da irmã. Precisava de dois trabalhadores para as demandas de roupas que recebia e Silveria e António poderiam ocupar os lugares vagos. O casal sabia como era difícil a relação com o cunhado, mas acabaram por preencher as vagas. Durante o expediente, os filhos os esperavam trancados em um pequeno quarto, úmido e com inúmeras infiltrações.

Em setembro de 2009, receberam a notícia de que o Brasil anistiaria os imigrantes irregulares e decidiram que era o momento de providenciarem seus documentos no país. Tinha dinheiro para pagar pelas papeladas.

Quando avisaram que iriam se regularizar, o cunhado não recebeu a notícia bem.

"Por que querem isso? Pra que precisam disso?"

Silveria insistiu. A família gastou mais de mil reais com todo o processo.

"É tanto dinheiro..." queixou-se António.

A violência das oficinas – física, concreta, na carne – é representação da violência simbólica que castiga o boliviano quando seu corpo adentra o território brasileiro. As jornadas fatigantes, as pernas inchadas de Silveria, o silenciamento, a iniquidade demonstrada nos quinze centavos pagos por roupa, as portas aos homens e mulheres trancadas, mas abertas à circulação de capital, são apenas vislumbres da imagem construída pelo discurso estigmatizador em relação ao imigrante em nossa cultura: o de um não cidadão, um não humano.

A dignidade de Silveria inexiste porque a mulher atrás da marca de imigrante irregular não é enxergada. Vê-se o status de sua permanência, não a pessoa que permanece.

No Brasil, o Estatuto do Estrangeiro, vigente até 2017, era de 1980, Lei nº 6.815 aprovada em meio à ditadura militar, e colocava o estrangeiro pobre como uma ameaça ao país. A lei era amparada pela segurança nacional, como manifesto em seu Artigo 2º, "Na aplicação desta Lei atender-se-á precipuamente à segurança nacional, à organização institucional, aos interesses políticos, socioeconômicos e culturais do Brasil, bem assim à defesa do trabalhador nacional". Dessa forma, o Estatuto entendia o imigrante como um potencial usurpador de trabalho e direitos dos brasileiros, colocando inúmeros empecilhos à permanência do que chegava com uma pesada burocracia. Admitidos e bem-vindos eram apenas os que entravam no país com tecnologia e mão de obra especializada, exigências encontradas no Artigo 16, parágrafo único. "A imigração objetivará, primordialmente, propiciar mão de obra especializada aos vários setores da economia nacional, visando à Política Nacional de Desenvolvimento em todos os aspectos e, em especial, ao aumento da produtividade, à assimilação de tecnologia e à captação de recursos para setores específicos".

A imigração era seletiva e valorava homens e mulheres de acordo com o investimento que eles representam para a nação. Excluindo a acolhida humanitária, a lei não dialogava com a atual realidade migratória brasileira, imersa em um cenário de intenso trânsito internacional, em que pessoas partem de seus países em busca de refúgio de guerras, sobrevivência e dignidade.

O imigrante era abordado como um criminoso pelo Estatuto, que previa a deportação ou expulsão por irregularidade e autorizava a prisão do estrangeiro por até 90 dias, para que o inquérito fosse concluído. Todo processo não oferecia acesso à justiça e era considerado inconstitucional, uma vez que a previsão legal da prisão administrativa não foi recepcionada pela Constituição Federal de 1988, que diz em seu Artigo 5º, LXI: "Ninguém será preso senão em flagrante delito ou por ordem escrita e fundamentada de autoridade jurídica competente".

O medo que o imigrante sente de ser preso e deportado ao ter sua irregularidade identificada – manifestado em Silveria com seu pavor de sair para ir à rua quando morava com Denis, pois, em suas palavras, "não queria ser tratada como uma criminosa" – é um dos motivos que o mantém à margem da sociedade e, consequentemente, na irregularidade, já que não toma conhecimento de atalhos que podem possibilitar sua regularização.

Os mecanismos que viabilizam a estadia legal no Brasil são explícitos em lei em três possibilidades: com o nascimento do filho em território brasileiro, casamento com brasileiro e acordo Mercosul entre países associados, que engloba Argentina, Paraguai, Uruguai, Bolívia, Chile, Peru, Equador e Colômbia. Caso o imigrante não se enquadre em nenhum desses requisitos, ele cai nos chamados casos omissos, em que o estrangeiro não tem amparo legal para sua permanência, e precisa ter seu pedido analisado. O processo pode demorar anos, deixando a pessoa vulnerável em nosso território, sem seus direitos reconhecidos. Ao invés de defender o imigrante que chega ao Brasil, o Estatuto do Estrangeiro criminalizava a imigração e destacava, em seu texto, que deveria ser amparado pelos Direitos Humanos, questões como deportação e expulsão, antes do direito de cruzar fronteiras.

A partir do Acordo sobre Residência para Nacionais dos Estados Partes do Mercosul, que entrou em vigência com o Decreto nº 6.975 em 2009, os cidadãos bolivianos tiveram mais um modo para pedir a regularização no Brasil. Mesmo com a nova facilidade, que dispensa a necessidade de casamento com brasileiro ou nascimento de filho no país, o preço pago para a documentação impede que os imigrantes consigam se regularizar em nosso território. O acordo do Mercosul fornece um Registro Nacional do Estrangeiro e uma Carteira de Identidade de Estrangeiro temporários de dois anos, com uma taxa de mais de trezentos reais para a aquisição, que deve ser paga novamente após o período para a retirada do documento permanente. Ao todo, o valor hoje chega a setecentos reais por pessoa, o que a maioria não consegue ganhar em um mês. Caso o imigrante busque a permanência pelo nascimento de filho brasileiro ou cônjuge brasileiro, ele terá que pagar uma multa pelo tempo que passou como irregular. A vantagem desse método é que, apesar da multa, não há a necessidade de renovação após dois anos, e o imigrante recebe diretamente um Registro Nacional do Estrangeiro.

Em 2009, o Ministério da Justiça fez uma proposta para mudar o Estatuto do Estrangeiro, o Projeto de Lei nº 5655/2009, que não avançou por ainda ser considerado conservador. Desde então, a discussão sobre a necessidade de uma nova lei ganhou força em debates na sociedade civil, lideradas por organizações que atuam na defesa do imigrante. Passou a tramitar na Câmara dos Deputados o Projeto de Lei do Senado nº 288, de 2013, que, em seu texto inicial, já apresentava vários avanços em relação ao estatuto vigente, principalmente na abordagem dos direitos humanos. Na Câmara, foi criada uma comissão especial para analisar o texto, que foi revisado e aprimorado, dando origem a um substitutivo ainda mais inovador.

A Lei de Migração, projeto final aprovado pelo Senado em abril de 2017, é considerada histórica pelos movimentos voltados aos direitos do imigrante. Os princípios básicos contidos no texto são humanizados, como a igualdade perante a lei e não discriminação, direito ao acesso à justiça, não previsão de prisão por irregularidade imigratória e direito de participação social. O Artigo 4º, um dos icônicos do substitutivo, afirma: "Ao migrante é garantida no território nacional, em condição de igualdade com os nacionais, a inviolabilidade do direito à vida, à liberdade, à igualdade, à segurança e à propriedade".

Depois de sua aprovação no Senado, houve inúmeras manifestações no país de grupos anti-imigração para que o texto não fosse sancionado pelo presidente Michel Temer. Em maio, a sanção ocorreu, mas com uma série de vetos, representando reduções importantes nas garantias proporcionadas pelo Congresso. Entre os principais, está o veto à anistia a imigrantes que entraram no Brasil até 6 de julho de 2016 e que fizerem o pedido até um ano após o início de vigência da lei, independentemente da situação migratória anterior. Outro ponto vetado da Lei de Migração foi a revogação das expulsões decretadas antes de 5 de outubro de 1988, assim como a livre circulação entre fronteiras de povos indígenas e populações tradicionais em terras ocupadas por seus ancestrais. Também foi vetado ao imigrante a possibilidade de "exercer cargo, emprego e função pública, conforme definido em edital, excetuados aqueles reservados para brasileiro nato, nos termos da Constituição" e a concessão automática de residência no país a aprovados em concursos públicos. O parágrafo que previa a concessão de visto ou autorização de residência para fins de reunião familiar, que poderia ser estendida para outras hipóteses de parentesco, fatores de sociabilidade e dependência afetiva também foi retirado do texto final.

A Lei 13.445/2017 não viria na sua forma ideal, mas ainda era considerada um avanço pelos movimentos sociais. No entanto, ao entrar em vigor, o presidente Michel Temer publicou um decreto que a regulamenta e, de acordo Defensoria Pública da União (DPU) e organizações de defesa dos direitos dos migrantes, o texto desvirtua a lei e promove imensos retrocessos. Entre as mudanças, o decreto abre possibilidade para prisão de um imigrante em situação irregular, enquanto a Lei de Migração afirma que nenhuma pessoa pode ser presa no Brasil por esse motivo. Pensando no atual contexto migratório mundial, a Lei de Migração também dava o direito ao visto humanitário, que até então era concedido apenas por portarias e não por uma legislação que regulamentasse sua existência. O decreto adia essa regulamentação, que será feita por uma comissão interministerial. Os Ministérios das Relações Exteriores, da Justiça e Segurança Pública e do Trabalho definirão as condições, prazos e requisitos para emissão do visto. Outro ponto problemático do decreto diz respeito à concessão de asilo político. Para ter o direito de reunião familiar do asilado político, passa a ser exigido que todos os familiares encontrem-se em território brasileiro, o que em muitos casos é impossível, pois os solicitantes normalmente chegam ao país sozinhos para pedir proteção. Outra mudança é em relação ao visto temporário para trabalho. A lei aprovada permitia a concessão de visto temporário para qualquer imigrante que estivesse procurando trabalho no país, já o decreto delimita esse visto para atividades específicas, resgatando a lógica de "imigrantes bem-vindos" e "imigrantes rejeitados", que, nessa percepção, não irão contribuir efetivamente para o avanço do país.

Se a Lei de Migração foi reelaborada com ampla participação da sociedade civil, tantos os vetos como o decreto de Temer foram considerados pouco democráticos. A luta de organizações voltadas aos direitos do imigrante é, agora, reverter o decreto, para que o que foi votado e aprovado pelo Congresso Nacional esteja efetivamente ao alcance da sociedade brasileira e dos imigrantes que no país adentrarem.

A lei, quanto mais próxima de seu texto original for aplicada, mais revolucionária será. A esperança é de que ela transforme positivamente não só os direitos dos imigrantes no nosso país, mas a percepção da sociedade em relação a eles. Narrativas trazem consigo ideologias, incutem práticas e crenças. Trinta e seis anos de um estatuto criminalizador têm como consequência a reprodução de discursos discriminatórios. A mudança dos signos – das representações, das mensagens circulantes que penalizam o outro forasteiro – gera mudança nas práticas sociais.

Depois de se regularizar no país, no início de 2010, o casal saiu da oficina de Celia para trabalhar com novos patrões. Chamavam-se Dom Guilherme e Rita. Eram bolivianos. A mulher era alta, magra e branca. "Parece brasileira", pensou Silveria quando a viu.

A casa em que ficava a oficina dos patrões era pequena, o que fazia com que a locomoção por entre os móveis só fosse possível se andassem de lado. Colchões, corredor, máquinas. Tudo ocupava um espaço impossível. O quarto em que dormiam era escuro e sem ventilação, com as paredes pintadas em manchas escuras deixadas pelo tempo e falta de higiene. No pequeno cômodo, cabiam apenas uma cama de solteiro, que abrigava os pais e as duas crianças durante a noite, e a mala em tamanho médio que carregava as parcas roupas da família. O espaço era tão ínfimo que a porta teve que ser desparafusada para poder ser aberta. Não havia sequer espaço para isso. Se quisessem entrar e sair do lugar, tinham que arrastar a pesada madeira. Tudo era sem forro e úmido. Os corpos, debilitados pelas condições impostas, eram ainda mais castigados pela alimentação diária, espécie de sopa feita de água rala, orégano e feijão. Os grãos não eram totalmente cozidos e, duros, serviam para dar apenas um pouco mais de gosto ao caldo.

"Nossa vida é muito triste", pensava todas as noites Silveria na hora de dormir, quando olhava para as crianças encolhidas entre o marido e ela.

Nessa época, Ruben tinha apenas um ano e não podia ficar na oficina. Para não incomodar, era trancado no quarto em que a família dormia e lá passava o tempo com Nadia. Silveria dividia-se entre a costura e o menino, entrando no miúdo espaço de hora em hora para ver como ele estava. Mas não podia perder tempo. Rita pagava o casal de acordo com peça produzida. Muito pouco, cerca de cinquenta centavos, mas trabalhavam tanto que compensavam o valor no final do mês. Se costurassem até quatro horas da manhã, produziriam, juntos, quatro mil peças, o que significava um retorno de dois mil reais.

Ao completar o primeiro mês de trabalho, a patroa se posicionou contra as obrigações de mãe de Silveria. Não aceitou o cuidado com o filho. "Eu não quero mais ver essas crianças pela casa e não quero mais ver você perdendo tempo com elas." Obrigou-a a tirar Nadia da escola, pois, além de dar atenção a Ruben, a empregada se ausentava por duas horas ao levar e buscar a menina. Quando a costureira perguntou sobre o que faria com o caçula, Rita ordenou que achasse uma creche. Não havia vagas na rede pública. "Coloque-o em uma particular, ou eu te mando embora", disse. A menor mensalidade que a mãe encontrou era de trezentos e cinquenta reais. Explicou sua história para a diretora e recebeu um desconto de cem. Pagou adiantado por quatro meses. Era bonita a escola, cheia de mesinhas coloridas. Acordava às seis e preparava o lanche que o pequeno comeria ao longo do dia. Sempre frutas. Maçã, pera e manga eram as preferidas do filho. Ruben ficava longe das sete da manhã às cinco da tarde. Quando chegava, a irmã mais velha cuidava dele. Silveria quase não o via.

Em uma noite, ela pensou em desistir de tudo. Estava no quarto com os filhos e olhava para eles, deitados, com os cabelos negros esparramados pelo colchão. Tinha parido pobres criaturas. Adormeceu segurando as mãos das crianças. Quando amanheceu, surgiu com o dia uma ideia fixa na mente de Silveria: voltaria para a Bolívia. Ligou para o irmão Martín, que trabalhava como ambulante na fronteira entre o Acre e o departamento de Pando. Chorou tanto que quase não conseguiu se fazer entender.

"Martín, eu não sei mais o que fazer. Eu não sei mais o que fazer da vida. Eu preciso sair daqui. Eu não sei o que eu faço."

Ele a acalmou. "Silveria, eu tô aqui pra você. Vem aqui. Eu faço cópias de CDs e DVDs pra você para vender no rio Madeira. Aqui tem comida pra vocês."

Teria comida.

Desligou o telefone decidida. Ela voltaria e António iria ficar.

Sentado na beira da pequena cama, o casal esperou durante algumas horas a chegada de Guilherme. Os patrões, que tinham uma casa própria na Avenida do Estado, não dormiam na oficina. António e Silveria pressionavam os dedos contra as palmas das mãos, olhavam inquietos o teto. De tempo em tempo expiravam alto, soltando o ar dos pulmões como um grito. Esperavam pelo barulho na porta, enquanto no silêncio do quarto o estômago soava, vazio. Não tomaram café, e as barrigas já doíam sem resquícios da sopa da noite anterior. Não queriam dever nada pra eles. Se comessem algo, os patrões poderiam dizer: "Vocês tomaram nosso café e querem ir embora?" Com o estômago vazio, saberiam o que responder.

Quando o casal chegou, foi António que dessa vez falou.

"Dom Guilherme, o senhor nos desculpe, a Silveria vai embora pra outro lado. Estamos com pena dos nossos filhos porque eles estão sofrendo."

O homem silenciou por alguns segundos. "Não é bom que ela vá sozinha, António. Separada do marido. Vão fazer comentários ruins e pode acontecer alguma coisa. Não vai dar certo."

"Se é assim, vamos embora nós dois. Eu vou embora com ela, então."

Marido e mulher choraram na frente do patrão. As lágrimas foram densas e doídas. Os olhos negros saltavam em vermelho. Guilherme apiedou-se dos dois.

"Não adianta vocês ficarem assim. Aqui é outro país e temos que morar desse jeito. Um dia vocês vão conquistar o que querem. A gente era assim, eu e a Rita. Compramos a casa agora e temos tudo. Vocês não podem ser fracos na vida e desistir."

Já eram dez horas da manhã e o homem propôs: "Então, tá bom. Vamos dar uma volta de carro pra ver se vocês se acalmam."

Quando chegaram na casa dos patrões, Rita os esperava com um café da manhã, feito de cachorro-quente. Silveria e António negaram. "A gente não pode tomar café, vamos tomar café e ir embora sem trabalhar?"

"Tudo bem, António. Eu não sou esse tipo de pessoa. Vocês podem comer. Eu queria dizer que vocês trabalham bem, eu gosto do seu trabalho. Tentem ficar mais esse mês e, se não quiserem mesmo, eu deixo vocês no terminal de ônibus da Barra Funda para irem embora."

Dois meses se passaram.

"Vamos montar uma oficina pequena", sentenciou António, após contar as economias guardadas. Chegou, enfim, a uma quantia que achava suficiente. Quatorze mil reais. Os malotes de dinheiro eram escondidos e espalhados em malas antigas, esfarrapadas e em cores desbotadas, que se acomodavam dentro e em cima do armário, acumulando poeira e traças.

Avisaram os patrões.

"Vamos montar nossa oficina, Dona Rita e Dom Guilherme."

"Mas por quê? Vocês estão bem aqui!"

"Por causa das crianças. Não dá pra continuar assim."

O ano de 2010 já passava da metade quando a campainha da oficina tocou, trazendo ao casal de costureiros uma proposta. E eles abriram a própria oficina.

Orestes Guimarães

As quatro paredes a encaravam mudas, rígidas, austeras. Ela contava as teias de aranha que encontrava no teto sem forro e pro'curava por imagens nas manchas da pintura. Ocasionalmente dormia, embalada pelos sons das máquinas que vinham do quarto ao lado. A infância ali, viva em seus traços de criança, em seus cabelos presos em rabo de cavalo frouxo, nos lápis coloridos, espalhados e desapontados pelo chão do cômodo. A infância ali, abafada pelas quatro paredes sujas e maciças e silenciadoras. Apagada na escuridão da casa. Ela já não chorava ou sorria durante seus dias. Seguia quietinha, foi ensinada assim. Falava muito pouco, brincava muito pouco, vivia muito pouco. Existia apática em si mesma, Nadia, em seus sete anos de idade.

Às cinco, a porta arrastou-se pelo chão. A menina sentou-se na cama ansiosa. Desde manhã, essa seria a primeira companhia do dia. O irmão chegava da creche. Vinha sorridente, o menino, balbuciando algumas palavras. Ela ficava feliz em vê-lo ao final da tarde, mas até sua felicidade era discreta. A mãe perguntou se tudo corria bem e a menina assentiu com a cabeça. Passou as horas falando com o irmão, mexendo nos dedinhos pequeninos de suas mãos de bebê. Fingia que ele era sua criança. Olhava para Ruben doce e curiosa, falava com ele em sua voz calma e baixa, quase que envergonhada de si mesma. Quando Silveria engravidou, ficou muito feliz. Pedia para a mãe ter um menino. Nasceu. Um amigo para brincar. Às sete da noite, a mãe a chamou para jantar, era a pausa na oficina. Uma hora depois voltou ao quarto, ao vazio dos dias. Às dez da noite, dormiu. Nesse dia, igual a todos os outros, ela completava um mês sem ir à escola.

Quando o alarme do intervalo na Escola Estadual Orestes Guimarães soava, Nadia não se movia. Continuava imersa em seus desenhos na mesa velha e de tintura descascada. Adiantava lições do dia seguinte, escrevia letras de músicas que ouvia na rádio. Eram todas tentativas de passar despercebida pelos estudantes mais velhos. Não conseguia. Se ela não ia até o pátio, eles procuravam por ela. Os colegas da escola roubavam seu material e apontavam para a menina, rindo. "Olha a indiazinha", diziam uns para os outros. A pele morena e os traços andinos eram ainda cobertos por roupas diferentes do uniforme usado pelos estudantes. Silveria não tinha dinheiro para comprar para a menina a roupa regular da escola, então a vestia com trajes normais. Um dia, no inverno, foi para a aula com um conjunto que o pai havia acabado de trazer para ela da Bolívia. Era branco, com pequenos botões dourados. Durante a aula, amarrou o casaco na cintura. Quando andava pelo corredor entre as salas, uma menina mais velha o arrancou de seu corpo, jogou-o no chão e o pisoteou. Quando chegou em casa, Silveria olhou para a sujeira perguntou o que havia acontecido com a roupa.

"É que eu brinquei demais, mamãe."

Silveria entendeu que havia algo errado com a filha quando, um dia, ela não voltou para casa. A mãe esperou impaciente pela menina. Foi de tempo em tempo na frente da casa para ver se a figura de Nadia aparecia de longe na rua. Quando já completava uma hora de atraso, ligou para a escola. Lá, também não sabiam da menina.

"Eu estou indo aí procurar ela, tá?"

O prédio estava vazio. Sobre chão rolavam embalagens e papéis deixados pelas crianças, recolhidos por uma funcionária que varria o pátio. Pombas ciscavam farelos de lanches descartados e suas fezes espalhavam-se pelo chão. Silveria chamava por Nadia e sua voz ecoava só. Andava de sala em sala com outra funcionária.

"Você ouviu isso?", perguntou para a mulher que a acompanhava. Do banheiro vinham batidas secas e graves. Quando se aproximou, ouviu a voz da filha pedir por ajuda.

A menina estava lá, abandonada em uma das cabines. Tinha o corpo suado e os fios de cabelo caiam emaranhados em seu rosto. Chorava como a criança que era. A mãe a abraçou e perguntou o que havia acontecido. Nadia soluçava. Com as duas mãos puxava Silveria pela cintura, pressionando sua cabeça contra o tecido da blusa, escondendo os olhos e as lágrimas.

Nesse dia, as outras crianças tinham a trancado no banheiro na hora da saída. Enquanto ela chorava, eles a deixaram, rindo.

Não havia palavras no sofrimento de Nadia. Tudo era internalizado e aceito, justificado por si mesma em seus pensamentos sobre a vida. Ela se calava. E se calava porque, dizia, tinha sentimentos, se colocava no lugar do outro. "É tão ruim quando brigam com você. Se eu contar para a minha mãe o que fazem comigo na escola, ela vai falar com a direção e os pais das crianças vão saber. Aí os pais deles vão brigar com eles, como eles brigam comigo. É melhor eu ficar quietinha. É muito ruim quando brigam com a gente", pensava.

Um dia, na aula, a professora conversou sobre bullying com os alunos. Sentada com a cabeça baixa, a menina ficou repetindo a palavra na tentativa de acertar a pronúncia mexendo, muda, a boca. "Bull... Bullying. Acho que é isso que fazem comigo."

Nadia sabia que os alunos a viam como diferente. Não parecia com as outras crianças, era estrangeira. "Eles não gostam de mim porque sou boliviana, é isso." As duas únicas amigas que tinha eram a boliviana Mariana e a peruana Sol. Elas andavam sempre juntas para evitarem os incômodos das outras crianças. Nem sempre conseguiam.

Depois de ser trancada na escola, não conseguiu mais estudar direito. Pedia sempre para não ir para aula. Foi quando contou para a mãe tudo o que acontecia. "Mãe, eu não aguento. Eu não aguento. Não consigo continuar. Eles mexem comigo, me maltratam. Me tira daqui, por favor." Silveria nunca havia imaginado que as sujeiras que encontrava diariamente nas roupas e no corpo da menina não eram de sua diversão infantil, mas castigos de outras crianças.

Nadia não tinha raiva. Nunca teria. Às vezes iria se lembrar das humilhações com pena. "A gente deve tratar as pessoas do jeito bom, como a gente gostaria de ser tratado. Quem zombava de mim deveria querer ser tratado de um jeito muito ruim. Que coisa triste, né?"

Quando Rita obrigou Silveria interromper os estudos de Nadia a mãe já havia prometido para menina que a mudaria de escola.

"Vai ser só por um tempinho, até eu sair daqui. Aí eu vou te matricular em outra", prometeu. A menina permaneceu em casa. Só, sem contato com nenhuma outra criança, a não ser Ruben.

Passaram-se três meses e Silveria e António abriram a própria oficina de costura. Se Nadia poderia estudar, nas escolas não havia mais vagas. O tempo sem educação, imaginado curto, circunstancial, transformaria-se em dois longos anos.

Fatima

Silveria acordou prostrada. Não queria se levantar. Preparou o café para os filhos lentamente. Deixou Ruben na creche, onde ainda tinha um mês pago para usufruir, e Nadia ficou em casa. Seguiu para a oficina do cunhado. Sabino e Fatima esperavam por ela.

No caminho, lembrava-se da conversa que teve com António na noite anterior e em como pediu ao marido para não ser obrigada a fazer o que estava prestes a fazer. Ser humilhada. Imaginava a voz dos parentes, as feições de desprezo que fariam para ela. Sabino e Fatima a detestavam, e ela teria que trabalhar por um dia inteiro para eles. A união com uma mãe solteira era vergonha para a família de António. Eles não aceitavam a escolha do homem. Inferiorizavam-na com insultos, olhares. Silveria, a mulher que fora diminuída a vida inteira.

"Tá bem, se você quer que eu te leve, a Silveria vai ter que trabalhar um dia de graça para gente", respondeu Sabino quando o irmão pediu sua ajuda para comprar máquinas de costura.

António assentiu. Combinou como seria, horário e dia, e voltou para a casa para avisar a mulher.

"Silveria, você vai ter que trabalhar para eles."

"Não, António. Isso não." Pediu. Olhava para ele como quem fora traída. "A gente dá outro jeito. Eles não gostam de mim. Como eu vou ficar na casa de quem não gosta de mim? Eu tenho medo. Vou dar bom dia e eles não vão me responder, não vão me dar oi, conversar comigo."

"Não tem outro jeito, Silveria. Nós precisamos da ajuda deles. É um dia. Você tem que ir."

Quando chegou na casa, tudo estava mudo. Não houve recepção. Ela olhava para a cunhada esperando alguma palavra, algum aceno. Apenas esperava. "Bom dia, dona Fatima", disse ela enfim para a mulher que costurava, quebrando o silêncio incômodo e acusador que envolvia o quarto.

Nenhuma resposta. Os olhos da mulher sequer se levantaram. Silveria sentia as mãos geladas. Sabia que seria humilhada. "De novo uma pessoa que me odeia. De novo eu encontrei uma pessoa assim." Quando enfrentava situações como essa, ela sentia raiva de si mesma por ter tido uma filha sendo solteira. Era acusada pelos outros devido a sua condição. Ela sofria. O marido sofria. A menina sofria. "Quando isso teria fim?"

Fatima entregou a ela um molde de blusa e, em poucas palavras, mandou que copiasse. Costurou e costurou por horas.

"Dona Fatima, terminei. O que mais você quer que eu faça?", perguntou após pregar o último pedaço de tecido que tinha.

"Eu não sei. Se você quer trabalhar, pegue as coisas e faça."

"Dona Fatima, me indique o que fazer. Eu vou confundir as peças. É sua oficina. Não fica brava comigo, a gente não pode ficar brigada assim."

A mulher, indiferente, entregou outra amostra de blusa e mandou a empregada copiar. "Tome."

Enquanto costurava, Fatima a observava com o canto do olho. Via como segurava os panos, como os colocava na máquina. Memorizava todos os defeitos. Condenava-a em pensamentos.

"Agora você tem dinheiro para comprar a máquina, é?", provocou-a, interrompendo o silêncio.

Silveria não respondeu. "Vou trabalhar, Fatima".

"É melhor mesmo. Você tem uma filha pra sustentar. Deveria sustentar sozinha. Você tem que trabalhar mais que o António."

Silveria permaneceu calada.

Cinco da tarde o portão bateu. Na casa, pairava um marasmo e estava quente. António entrou e chamou a esposa. "Vamos, Silveria". Tinha comprado as máquinas. Três. Uma overloque, que realiza o acabamento das roupas, uma galoneira, ideal para costurar golas, bainhas, barras, e uma reta, para costura de tecidos pesados como jeans e couro. Ela se levantou, deixou a peça que costurava em cima da mesa, olhou para a cunhada e agradeceu. "Muito obrigada, Fatima". Silêncio.

Já na rua, quando dobrava o quarteirão, pensou: "Por que eu disse aquilo? Eu ajudei. Ela deveria ter me agradecido também..."

Quando a campainha tocou na oficina de Rita, em setembro de 2010, um homem chamado Dom Manuel oferecia ao casal um bom acordo.

"Você vai ter máquina, cozinha e geladeira e só paga o aluguel do quarto. É só me depositar dois mil reais que os móveis ficam com vocês e depois oitocentos reais por mês para o aluguel."

O homem apareceu com a solução dos problemas do casal. De uma vez, conseguiriam um teto para viver e equipamentos para trabalhar. Seriam seus próprios patrões. Silveria aceitou. Enfim, teria sua oficina de costura. Pagou. Quando chegaram no local, a casa estava vazia. Não havia nada na sombra do quarto. Dom Martins não entregou nada do que havia prometido. No cômodo alugado mal cabiam os quatro e ainda precisariam colocar as máquinas. Na hora de comprá-las, não sabiam como agir. Não entendiam que podiam pagar à vista e ainda não tinham os documentos brasileiros oficiais definitivos, o Registro Nacional do Estrangeiro, para comprarem a prazo. Tinham em posse apenas o documento provisório afirmando a regularidade do casal no país. "Quando você não é do país, é difícil saber como as coisas funcionam", pensava. Para comprar os equipamentos de costura, a solução foi pedir ajuda para o irmão e a cunhada de António. Eles poderiam emprestar o nome para que realizassem a compra parcelada. Silveria, então, teve que aceitar ser humilhada.

Brás

O corpo doía quando os pés tocavam o chão em impulso para o passo. As pernas estavam trêmulas e a boca seca. Há uma semana, Silveria andava diariamente por todo o bairro do Brás à procura de coreanos que pudessem oferecer serviço para a sua nova oficina. Eles terceirizariam a produção das roupas para a família, que receberia por peça produzida.

Já não sabia quantas recusas havia ouvido, quando parou em frente a uma pequena loja. Entrou. Se não aceitassem, desistiria.

"Você tem CNPJ, oficina regularizada?" O homem fez a pergunta que todos fizeram.

"Não tenho, não, mas eu faço tudo direitinho. Gosto de trabalhar".

"Mas não tem como te dar trabalho assim. Se a Polícia Federal pega, você não tem documento pra ser dona de uma oficina."

"Por favor. Eu tomo cuidado. Eu tenho dois filhos, preciso dar comida para eles."

O homem encarou a boliviana por alguns segundos. Virou-se e entregou a ela uma blusa.

"Costure uma igual. Se eu gostar do resultado, conversamos."

Silveria voltou com a peça pronta depois de algumas horas. Fez o trabalho com cuidado, como se sua vida dependesse dele. De certa forma, sabia que dependia. O homem a examinou com atenção. Gostou do que viu.

"Vou entregar serviço. Você tem que ser discreta. Se a Polícia Federal te fiscalizar, eu não serei responsável."

Encomendou duzentas peças. Eram mais elaboradas, por isso pagaria dois reais e cinquenta centavos por cada, um real a menos do que oferecia para as oficinas regularizadas.

A campainha tocou no início do dia, um sábado de dezembro de 2010. O casal que mal saía de casa não esperava visitas. Silveria foi até a porta, abriu-a apreensiva. E se fosse fiscalização? Não era. Dom Manuel estava parado em frente à casa.

"Posso falar um minuto?"

Entrou e pediu a presença dos dois. Silveria e António. Com os inquilinos na sua frente, avisou que o aluguel do quarto iria subir para mil e quinhentos reais. Se não pagassem, podiam ir embora.

"Eu não tenho dinheiro para isso, Dom Manuel. Só trabalho eu e meu marido. Esse tanto de dinheiro é muito caro pra um quartinho."

"Então vai embora. Mais tarde vai entrar outra pessoa, ela vai usar a casa toda."

Silveria não acreditou. "Ele deve estar falando isso para me obrigar a pagar."

Pela noite, a campainha tocou novamente. Uma mulher e quatorze máquinas esperavam na porta.

"Boa noite, moça. Eu sou a nova moradora."

Silveria ficou imóvel.

"Mas eu não tenho para onde ir! Pelo amor de Deus, deixa eu ficar com o quartinho."

"Como assim? Não tem pra onde ir?", a mulher não entendeu. "O dono da casa não te avisou mês passado que eu me mudaria e iria ocupar todos os quartos? Não posso deixar nada com você. Tenho dezesseis trabalhadores para acomodar."

"Não, ele me avisou hoje de manhã. Não acreditei. Eu não tenho para onde ir. Por favor..."

"Tá bem. Nós dormimos todos no outro quarto. Mas só por hoje."

Nessa noite, Silveria e Perfilho choraram. Não tinham sorte, não tinham vida. Nada do que conquistavam perdurava em suas mãos. A promessa que conquistariam o que deveria ser a chamada felicidade, ainda que singela, aproximava-se e, então, distanciava-se ainda mais. "Sempre que conseguimos algo, uma coisa ruim acontece", disse o homem para mulher.

Dormiram agitados nessa noite. No domingo de manhã acordaram cedo. Precisariam pedir ajuda para Celia. Ela os atendeu. A irmã tinha um quarto sobrando em sua casa para alugar para o casal. Custaria seiscentos e cinquenta reais.

"Vamos, Silveria. Se não der, voltamos para o nosso país."

Junto com a mudança para a casa da irmã, chegou da Bolívia Gualberto, irmão de António. Veio tentar melhorar de vida no Brasil e trabalhar com o casal. A família e o homem passaram dois meses no pequeno quarto, quando uma casa na rua da frente, que Celia alugava em seu nome e sublocava para outra família, foi desocupada.

"Silveria, eu cobro mil reais para sublocar a casa para você. Se achar que conseguem pagar, tudo bem." Aceitaram a oferta. O imóvel era singelo. Atrás de um pequeno portão de ferro, uma escada de vinte degraus levava até três pequenos quartos, um banheiro e uma cozinha. Escura, a casa não tinha acabamento. A porta de entrada dava para um pequeno *hall*. Na esquerda, ficava a porta do primeiro cômodo. Nele, montaram a oficina. Ficava de frente para rua e a janela grande que dava para ela deixava o local iluminado e arejado. No lado direito do *hall*, em frente à porta do primeiro cômodo, surgia um corredor comprido que levava para os dois outros quartos. Silveria e a família ficariam no segundo. Era mais escuro, tinha uma pequena abertura na janela, mas a luz não entrava viva e quente. Já o quarto ao lado era fechado, sem entrada de ar. Mas era grande. Nele, ficaria o cunhado. Algumas semanas depois, outro irmão de António ligou. Queria vir para o Brasil. Javier e Rosa, sua esposa, trabalhariam junto com a família.

"Vamos ter mais trabalhadores, então precisamos comprar mais duas máquinas, Silveria."

Compraram. Cada uma custou mil e quinhentos reais.

O ano de 2011 começava e, com seu início, foram-se todas as economias do casal.

Jurandir

O quilo de batata estava cinquenta centavos mais caro. Silveria apertava na palma da mão a única moeda de um real que tinha. Procurava pelas prateleiras o que poderia substituir sua refeição. Não havia nada mais singelo que batatas, ela sabia. Comera isso a vida toda. Agora, ali, sem dinheiro para comprar o mínimo, não imaginava o que fazer. Olhava para os produtos, perdida. A venda era pequena e escura. Uma lona amarela e desbotada protegia do sol a entrada do pequeno mercado. Tudo era velho e simples e as embalagens de comida esperavam por compradores cobertas de poeira.

Mesmo com a oficina própria, Silveria não tinha êxito. Vivia de pequenos trabalhos que fazia para coreanos, mas que não sustentavam a família. Não tinha lucro. O dinheiro todo era destinado ao aluguel, luz, gás, água e, quando sobrava, comida. Às vezes, passavam fome. Nem macarrão tinham mais.

O homem no caixa conhecia a mulher e a observava parada entre os dois pequenos corredores do mercado. Jurandir vendia os produtos fiado para a cliente, que sempre o pagava no final do mês. Nela, confiava.

Silveria se aproximou, envergonhada.

"Jurandir, faz o quilo da batata por um real? Por favor."

"Você tá passando por uma situação difícil, né?", perguntou.

"É, mais ou menos."

O homem foi até o fundo da venda. Encheu uma sacola de plástico com batata, arroz, banana, caqui e maçã.

"Leve. É pra você. Às vezes, é difícil viver em outro país. Não adianta ficar triste."

Entregou tudo para Silveria. Ela olhava as mãos grossas do homem, as unhas eram curtas e sujas. Com o um real que tinha, comprou três salsichas.

Voltou para casa sorrindo. Naquela noite, teriam um jantar. Arroz, batata e o embutido.

Nossa Senhora de Copacabana

Silveria passou o primeiro sábado de agosto acordada chorando com quatro crianças. "Por que a vida devia ser difícil?". Na única cama de casal que tinham, dormiu com o marido, os dois filhos e os dois sobrinhos, Adriano e Diogo, filhos de Celia. Os pequenos ficaram em cima de seu corpo para caber no espaço tão pequeno. Fazia calor. António acordava de tempo em tempo, impaciente.

Às seis da manhã, pegou os sobrinhos pela mão. Atravessou a rua correndo com as crianças. Tocou a campainha da irmã até ela aparecer na janela.

"Tome, Celia. Pegue seus filhos. Eu não tenho o que dar de comer para eles."

Agosto deveria começar com festa. A independência da Bolívia, no dia seis, é comemorada com a homenagem à padroeira do país, a Virgem de Copacabana, e a padroeira de Cochabamba, Urkupiña. A celebração, que reúne o maior número de devotos no país, em sua maioria do Departamento de La Paz, acontece em dois dias e leva homens e mulheres de volta às origens andinas. O evento começa com a apresentação das santas aos devotos presentes, que desfilam nas mãos do *padrinho* da festa, boliviano escolhido para bancar parte da comemoração e que, por isso, detém um lugar de honra. Junto à devoção, músicas, comidas e bebidas típicas fazem parte da festividade. Danças também. A morenada é uma das principais apresentações, que traz em sua música e vestimentas a história dos escravos nas minas bolivianas. O som é forte, intenso, cadenciado, acompanhado por homens com máscaras e mulheres vestidas de *cholitas*, as descendentes indígenas. Dançar na comemoração é sinônimo de status, a demonstração do sucesso econômico no Brasil para os compatriotas. Cada vestimenta custa entre mil e dois mil reais, pagas por quem a irá utilizar, e todas vêm direto da Bolívia. Normalmente, são bolivianos donos de oficina, ou profissionais como médicos, dentistas e advogados que se apresentam. No fim, o padrinho que organizará a comemoração no ano seguinte é apresentado ao público.

A sobrevivência da cultura boliviana, em especial andina, revive em momentos como esse, os de festividade. Ao entrarem no país, o choque com a realidade brasileira e suas particularidades faz com que o que chega reinvente a própria identidade, agregando novas crenças, comportamentos e valores. Nesse contexto, sobrevivem as características acentuadas de cultura de origem, como o idioma, falado exaustivamente entre os compatriotas que, por viverem apenas entre os seus, dificilmente aprendem português, e as festas.[14] Nelas, a identidade apagada pela rotina de trabalho ganha espaço e o orgulho de se reconhecer como boliviano enche o coração dos imigrantes. Eles relembram da comunidade, da cultura do país, retomam seus laços comunitários, são dignificados.

Silveria não podia dançar, tampouco assistir. Já Celia, ela apresentou-se na morenada.

A irmã mais velha amava o som da música. Sentia-se em seu país, dizia. Suava, cantava. Quando ouvia os pratos batendo, os instrumentos de sopro, sabia que estava viva. Era o mês do ano que mais amava. "Quando a gente dança, a gente esquece os problemas."

Para lembrar-se apenas do que era bom, pediu para Silveria cuidar dos filhos.

"Eu vou dançar na morenada, Silveria. Você fica com os meus filhos? Eu te pago."

Pelo dinheiro, aceitou.

Quando deixou as crianças às seis da manhã, depois da noite em claro, Silveria recebeu vinte reais. Era ouro. Com o dinheiro, comprou carne e frango. Comidos em porções tão pequenas, duraram mais de uma semana como sustento da família.

Pouco mais da meia-noite a rua estava quase deserta e um vento frio levava pelo asfalto restos de lixo que havia restado. Silveria caminhava tranquila, quieta. Olhava ocasionalmente para trás para ter certeza de que estava segura. Sabia que estaria. "Quem iria querer me assaltar, me pegar, afinal?" A uma da manhã deveria estar na feira da madrugada no Brás. Havia conseguido um ponto no local e no tempo que tinha livre, e que antes utilizava para dormir, vendia as roupas que a irmã confeccionava. Outros bolivianos trabalhavam no espaço. Era um jeito de vender diretamente as peças que costuram para os compradores, sem precisar de intermediários, recebendo mais. Um trabalho a mais, além das roupas que produzem por encomendas para os contratantes. Até às quatro da manhã, Silveria chamava pelas pessoas que passavam pela feira. Cansava-se, mas precisava dos dez reais que recebia por noite. Não tinha opção, os irmãos de António tinham voltado para a Bolívia dois meses após chegarem ao Brasil. Os parentes não aguentaram o trabalho e partiram. Era muito difícil para eles. Sem os empregados, ela e o marido precisavam produzir ainda mais.

Em uma das noites, um homem a abordou.

"Senhora, vende esse ponto pra mim?"

"Quanto o senhor paga?" Com a saúde fragilizada pela carga excessiva de trabalho e pelos poucos minutos de sono diários, ela sabia que não conseguiria continuar vendendo as roupas por muito tempo no local.

"Dois mil reais."

Teve receio de ser enganada. Não temia a rua escura da madrugada, mas temia as pessoas. "Quantas vezes mais isso aconteceria?" Como precisava do dinheiro, aceitou.

Poucos dias depois, o homem chegou ao local com o pagamento e jeans. Ele iria vender calças, bermudas, macacões. Silveria levou as notas para casa coladas no corpo. Andou depressa, ofegante. Quando fechou o portão, suava.

"António, temos dinheiro."

Um coreano

O barulho da máquina preenchia a quietude da casa há dias. Era perene, contínuo, denunciava o desespero. Os pés pressionavam o pedal, trêmulos. O corpo da mulher doía, e a blusa larga que o cobria deixava à mostra os ossos salientes das costas. Eram duas horas da tarde e ainda não havia almoçado. As três meninas que trabalhavam com Silveria olhavam para a patroa com pena e medo. Não ousavam dizer mais nada. Já haviam insistido. "Você vai morrer se continuar trabalhando assim." António costurava, em silêncio ainda maior, no canto do quarto. Fazia-o compulsoriamente. Não havia saída, mas acreditava que pregar panos também não seria a solução. À noite, quando se retirava para dormir, insistiu para a mulher deixar a máquina e acompanhá-lo. "Não adianta você fazer roupa por oitenta centavos, não adianta para nada. Nós estamos trabalhando de graça", repetiu e repetiu, antes de bater a porta e deixar Silveria ali, sozinha. Ela, a máquina, e o barulho de desespero que preenchia o silêncio da casa.

Com os dois mil que havia ganhado na venda do ponto, Silveria trouxe novamente os cunhados, Javier e Rosa, da Bolívia e mais duas moças. Não podia trabalhar apenas com o marido. Prometeu que as coisas melhorariam e disse que pagaria toda a viagem. Quando os trabalhadores chegaram, ela não descontou nada pelo trajeto até o Brasil, como era o costume de muitos empregadores. Custeou tudo, passagens e alimentação. "Fizeram isso comigo um dia e eu sei o quanto sofri." Mas as coisas não foram diferentes da última vez que vieram ao Brasil: todos trabalhavam de forma intensa e recebiam muito pouco.

Em poucos meses, os familiares retornaram à Bolívia. Todo o investimento para trazê-los estava perdido.

Para completar novamente a mão de obra, procurou por costureiros na Praça Kantuta. Contratou três bolivianas. Carmen, Norma e Gilda. Gostaram da patroa. Silveria pagava para elas por peça o mesmo que separava para si mesma e António. Ela era assim, gentil, e se preocupava com as meninas. Fazia sempre perguntas, até sobre as coisas mais simples. Como estavam, se sentiam saudades da Bolívia, se elas haviam aprovado a comida ou se tinham dormido bem. Queria que as empregadas se sentissem acolhidas.

> Dentro do sistema produtivo, há muitas oficinas que se não se encaixam no modelo predatório de produção. Não são todos imigrantes escravizados, tampouco todas que escravizam. Há muitas iniciativas que funcionam de forma colaborativa, como se fossem uma comunidade, e realizam o trabalho dentro de condições adequadas, desenvolvendo os negócios dentro da legalidade. Nelas, há maior fluxo de empregados, o ambiente para costura é razoável e o pagamento é bem distribuído entre os costureiros.

Após ter visto os quatorze mil reais investidos na oficina de costura não darem o retorno desejado e perder dois mil reais com a curta viagem dos irmãos, António resignou-se. A mulher via o homem desmoralizado. Não teria sucesso na vida, acreditava. "Precisamos erguer a cabeça", repetia para ele. Não reagia. Ela, sim. Não abaixou os olhos. Nunca abaixaria. Procurou por mais empregadores para terceirizar a costura e encontrou em um coreano, que tinha uma loja no Brás, uma oportunidade. Receberia oitenta centavos por blusa. O valor era imoral, mas como não podia escolher, aceitou. A rotina tornou-se desumana. Eram noites e noites sem descanso. Não comia, não dormia. Chegou a pesar quarenta e cinco quilos. "Por que você faz isso? Você não vai aguentar." Continuava costurando. "Eu vou descansar quando eu tiver tudo o que perdi."

Provou que estava certa quando no fim do mês a oficina gerou doze mil reais. Seis mil para pagar contas e funcionárias, seis mil para família.

Entrou em casa, caminhou até o quarto que abrigava a oficina, jogou o dinheiro em cima da máquina do marido.

"Aqui está o baratinho que eu consegui."

"É verdade, Silveria. Você conseguiu", disse, com os olhos em espanto.

Ao descobrir que poderia ganhar bem se trabalhasse muito, António animou-se. No mês seguinte, o casal chegou a receber dezesseis mil reais.

A lista

Sentada no banco de madeira, ela olhava para filha em cima da cama. Suas mãos uniam-se apoiadas nas coxas magras e com as unhas retirava lascas de um esmalte já antigo que ainda pintavam seus dedos. O quarto era preenchido por um torpor. Os corpos pareciam suspensos no ar, sustentado pela atmosfera densa que envolvia a casa. Estava escuro, mas uma fresta na janela deixava a luz da tarde entrar no cômodo e pousar sobre a cama. Na sombra, as formas do lar não eram definidas. Silveria enxergava apenas o contorno do corpo da criança na contraluz. No espaço iluminado, a menina escrevia em um caderno. Ao seu lado, o gato da família dormia. Uma caneca com leite frio e um pedaço de pão seco descansavam sobre um pequeno banco próximo a cama. Nadia terminava um dever da escola. Era sobre Frida Kahlo. Na próxima aula de educação artística, precisaria levar uma Barbie vestida por ela com as características da personagem. Avisou a mãe. Silveria, muda, olhava a filha. Nunca havia dado uma boneca para a menina. Em um ímpeto, se levantou. Precisava costurar.

Desde que havia saído da casa da patroa Rita, em 2010, Silveria procurava um lugar para a filha estudar. Para compensar o déficit de aprendizado da menina, ela e António preparavam em todas as manhãs exercícios de matemática para Nadia fazer. Não sabiam falar direito português, tampouco escrever muito bem em espanhol. A saída, então, foi ensinar para a menina os números.

Em 2011, a mãe colocou o nome da filha na lista de espera de uma escola. Depois de um ano, diziam que ainda não havia vaga para ela.

Silveria achou estranho a demora. Foi em outra instituição buscar um local para a menina estudar e explicou a situação. A responsável pela matrícula dos alunos também não entendeu o porquê de todo o tempo.

"Não acredito! Um ano? Não pode isso. Quantos anos tem sua filha?"

"Oito."

"Eles estão mentindo", disse a mulher, após procurar pelo nome de Nadia no Sistema Informatizado da Secretaria Municipal de Educação.

"A vaga saiu já faz tempo."

Silveria tinha ido naquele mesmo dia na escola.

"Mas eu fui hoje de manhã lá e eles disseram que não tinha vaga."

A mulher entregou para ela um documento.

"Leve isso aqui e mostre para ele. Eles estão mentindo. A vaga saiu. Se falarem que não, nós vamos te ajudar."

Silveria chegou na escola e entregou o papel.

"A vaga saiu, né?", perguntou para mulher que a encarava.

A funcionária olhou para o documento.

"Ah, é, saiu. Desculpa."

Silveria ficou em silêncio. Por dentro, nela só havia raiva e humilhação. A mãe sabia. "Eles não queriam que uma boliviana estudasse aqui."

Nadia tornou-se uma aluna em fevereiro de 2012. Gostava de educação artística, mas suas maiores notas foram sempre em matemática.

Bem-vinda

Conheci Silveria na primeira tarde de outubro de 2015. Ela chegava com Ruben de uma reunião escolar. Seu cabelo estava preso em um rabo de cavalo baixo e os fios, de tão longos, chegavam a tocar sua cintura. Levava no corpo uma blusa com listras pretas e brancas, uma bermuda jeans até o joelho e, nos pés, um par de chinelos. Eu a esperava havia algum tempo em frente à sua casa, na Rua Alfredo Maia, no Bairro da Luz. Mesmo sendo um dia de primavera com o céu preenchido de azul, um vento gelado corria pela rua e fazia frio na sombra. Quando ela me viu em frente ao portão de sua casa, desculpou-se pelo atraso: "Eu esqueci que tinha reunião da escolinha, me desculpa, tô sem celular", disse, mostrando os dentes, que tinham colados neles vários enfeites de ouro em forma de estrelas. Em seguida, contou que o aparelho havia sido roubado, em um assalto sofrido há uma semana quando saía do banco, ocasião em que, também, tinham sido levados dela sete mil reais, dinheiro que usaria para pagar funcionários e contas. Lamentei.

Conversando sobre amenidades, a escola do filho, o dia de trabalho, caminhamos até a Igreja Presbiteriana que havia na mesma rua. Naquele dia, ela não me convidou para entrar em sua casa. Sentamos em duas cadeiras que ficavam para fora do prédio. Quem havia marcado nosso encontro foi Daniele, mulher do pastor, que conhecia Silveria do bairro. Daniele me buscou no metrô, me levou até o endereço e ofereceu o espaço da igreja para conversarmos.

Já sentadas, expliquei que era jornalista e perguntei sobre ela. "Eu me chamo Silveria", me disse, o que eu já sabia. Com a pronúncia em espanhol, ouvi de sua boca "Sibéria". Achei

curioso uma mulher com o nome de uma região tão fria. Mas Silveria não era assim. Era doce e afetuosa e de seus olhos amendoados brotaram lágrimas no instante em que começou a me contar sua história. As primeiras frases foram sobre sua infância. "Minha vida foi muito sofrida."
Conversamos por uma hora naquele dia.

Toquei a campainha de sua casa. Alguns minutos, nenhuma resposta. Insisti. Silveria apareceu na janela do quarto. Ela desceu as escadas, abriu o portão e me chamou para entrar. "Obrigada por vir", disse ela, a mulher que descobri depois não só se desculpar, mas também agradecer por tudo. Subimos. Ela me levou até seu quarto, me sentou em sua cama. Estava forrada com uma coberta bege e vermelha, tinha uma flor estampada. As paredes eram manchadas de bolor e gastas. Olhando-as, pensei sobre há quanto tempo não recebiam uma camada de tinta. Em cima de uma cômoda, descansava um prato com restos do almoço. Arroz, feijão e ovo. Do fecho do armário pendia uma sacola plástica branca cheia de pães duros. As mochilas que as crianças levavam para escola estavam presas na parede, enganchadas em dois pregos. Fazia calor naquele dia. "Você quer um ventilador?", recusei.

Foi nosso segundo encontro, na semana seguinte àquela em que nos conhecemos. Conversamos por duas horas. Por três meses, retornei ao seu lar em tardes ainda mais quentes. Nós estávamos em casa. E Silveria me recebeu em sua vida.

"Nadia, vai comprar comida pra gente! Tá perto do café", interrompeu a história. Silveria foi até a cozinha e pegou o dinheiro para a menina. "Traz pão. Pode comprar um refrigerante também." A filha saiu. Continuou.

"Depois que a Nadia entrou na escola e juntamos um dinheirinho com o trabalho, as coisas ficaram melhores. As crianças estudavam, eu pagava as contas em dia, tinha o que comer. Ela não teve mais problemas na escola, o recreio é separado por turma, sabe? Aí é melhor. O Ruben estuda à tarde. Quando os dois estão em casa, eles ficam aqui, vendo televisão. O Ruben gosta de ver desenho no canal 4, do SBT. Que horas eu fico com eles? No almoço, de tarde, na hora do café com a Nadia, e antes de dormir. É, as coisas tão bem, pra mim eu acho que estão. Só esse ano, 2015 né, que ficou um pouco difícil de novo. O aluguel aqui da casa aumentou. Eu tô pagando dois mil reais. No fim do mês, tirando as contas e alimento, eu recebo mil e quinhentos. Os costureiros que ficam comigo tiram perto disso também, mil e duzentos, mil e quinhentos. Eu também fui assaltada, eu te contei. Levaram todo meu dinheiro para pagar as contas. Lá na Bolívia tá tudo bem. Minha mãe tá bem, eu converso bastante com ela. Tudo tá bem entre a gente hoje. O Martín tá trabalhando na mina, tirando mineral, ele queria ser policial, mas não conseguiu. As minhas irmãs, Verónica e Silvana estudam. Elas gostam de mim. Elas sempre se lembram. Dizem que eu batalhei por elas, elas têm orgulho de mim. "Obrigada, se não fosse você estaríamos no campo trabalhando", elas dizem. Mas aí eu falo que elas é que são um exemplo, porque eu não estudei. Eu fico contente por elas, por terem conseguido."

 O pequeno portão de ferro que escondia os vinte degraus que levavam até a casa bateu. Nadia subiu. Passou pelo corredor escuro e cheio de roupas e andou até a cozinha. Um cheiro forte, de mofo e urina, preenchia o ar. O cômodo estava sujo e pequenas baratas caminhavam pelos armários e fogão. Nadia depositou a sacola plástica branca em cima da mesa. Minutos antes de sua chegada, Silveria falava de Verónica. No final do ano, a irmã se formaria na universidade. Estava feliz por ela. Chamou a menina. "Nadia, vem aqui." Sentada sobre a única cama do quarto, onde toda família dormia, esperava a filha, como o pai fizera com ela há mais de vinte anos. Nadia entrou.

"Eu estava pensando. Vale a pena trabalhar, sabe? Eu sempre falo isso para Nadia. Vale a pena. Eu consegui o que eu não tinha."

Em sua frente, uma pequena TV presa na parede estava desligada, e, embaixo do aparelho, uma estante de madeira branca, velha e encardida, estocava inúmeros pacotes de macarrão.

Glossário

Adobe: Casas construídas com palha e barro, que eram típicas na região andina.

Aguayo: tecido colorido de lã utilizado por mulheres de descendência indígena na região andina.

Campesino: homem ou mulher que trabalha no campo.

Cholita: nome utilizado para se referir às mulheres mestiças. Elas utilizam polleras, chapéus e aguayos.

Niñera: babá.

Plataneras: mulheres que vendem bananas.

Polleras: saias longas, rodadas e coloridas, utilizadas por mulheres de descendência indígena e cholas.

Tacaña: pessoa mesquinha, que valoriza muito o dinheiro e o guarda o máximo possível. A palavra existe em português, mas o sentido em espanhol se difere levemente.

Té de coca: chá com folhas de coca típico da região andina. É uma bebida milenar que auxilia na adaptação do corpo à altitude dos andes.

Tienda: loja de alimentos.

Fontes

O trabalho de Sidney A. Silva foi fundamental no processo de construção do livro. Especialista e pioneiro nos estudos da imigração boliviana no Brasil e da utilização da mão de obra dessa população pela indústria de confecção, suas pesquisas embasaram as informações de cunho político, cultural, social e contexto histórico apresentadas, especificamente as partes assinaladas pelas notas de rodapé. Sidney é referência em todos os estudos sobre o tema e, não fosse sua dedicação ao assunto, ainda estaríamos muito atrasados na compreensão da existência desse grupo migratório em nosso país e nas relações culturais e produtivas por ele aqui desenvolvidas. Infelizmente, não pude realizar entrevistas, pois Sidney hoje mora em Manaus (AM). O Instituto Nacional de Estadística de Bolívia também foi consultado como fonte de informações sobre dados da economia e população boliviana. Além disso, inúmeros trabalhos acadêmicos, pesquisas e matérias jornalísticas foram utilizados para escrita do livro e estão listados nas referencias bibliográficas.

Para melhor compreensão da relação dos imigrantes bolivianos com a sociedade brasileira e os problemas que os acometem, realizei entrevistas com diferentes pessoas que atuam diretamente com o grupo, como o Padre Alejandro, responsável pelos grupos latino-americanos da Paróquia Nossa Senhora da Paz; com Isabel, imigrante boliviana que trabalha na Missão Paz e vive há 40 anos no Brasil; com o Padre Paolo Parise, também da Missão Paz e diretor do Centro de Estudos Migratórios (CEM), e com Daniele Furlani, cujo marido é pastor de uma igreja que atende, em sua maioria, imigrantes bolivianos, e que, por isso, convive diariamente com essas pessoas.

As questões abordadas referentes ao direito de imigrar e à legislação brasileira foram frutos de entrevistas com Letícia Carvalho, assessora de *advocacy* da Missão Paz que participou de toda elaboração do nova Lei de Migração e que tem acompanhado o processo de votação em Brasília, e Maristela Telles Schmidt, advogada da Missão Paz que atua diretamente com as demandas de regularização de imigrantes. As conversas com ambas foram importantes para entender as contradições e problemas do Estatuto do Estrangeiro vigente e como os ideais que o formam afetam diretamente a imagem que a sociedade tem do imigrante e, consequentemente, a imagem que o imigrante passa a ter de si mesmo. Também consultei materiais sobre o tema que foram elaborados em conjunto pelas organizações Missão Paz, ONG Conectas, Instituto Terra Trabalho e Cidadania (ITTC), Centro de Estudios Legales y Sociales (CELS), Centro de Referência e Atendimento para Imigrantes (CRAI) e Cáritas SP durante a atuação delas na elaboração da nova Lei de Migração. Junto a esses materiais, realizei a leitura do Estatuto vigente.

Carlos Bezerra Jr., deputado estadual autor da lei 14.946/2013, que pune empresas paulistas que utilizarem trabalho análogo à escravidão em seu processo produtivo, foi entrevistado para que esclarecer questões relacionadas à escravidão moderna e sobre a lei por ele criada. Carlos foi relevante para entender como as grandes marcas e indústrias têxteis querem influenciar a fiscalização de suas cadeias produtivas e pressionam o poder público contra a criação de leis punitivas para os flagrados em exploração de trabalhadores.

Os auditores fiscais do trabalho Renato Bignami e Luis Alexandre de Faria foram entrevistados sobre as condições atuais da escravidão moderna no Brasil, sobre a cadeia produtiva que mantém o funcionamento da indústria têxtil e contribuíram também com informações sobre fiscalizações realizadas por eles no setor de confecção.

As informações de aspecto cultural sobre a Bolívia foram enriquecidas a partir de entrevistas realizadas com Antonio Andrade, idealizador do canal Bolívia Cultural, e da participação da maior festividade boliviana em São Paulo, a homenagem à padroeira do país, a Virgem de Copacabana, e a padroeira de Cochabamba, Urkupiña. Antonio também foi fundamental para compreender mais o contexto de vida dos bolivianos no Brasil e as particularidades do grupo, assim como questões relacionadas à Bolívia, apresentando uma visão crítica e interna da realidade por eles enfrentada tanto no país de origem, como no de chegada.

Os contatos realizados com especialistas e autoridades sobre o assunto tratado neste livro foram importantes, mas foi o convívio com a família de Silveria que proporcionou a compreensão profunda da realidade enfrentada por esses imigrantes em nosso país. Para a construção desta narrativa, foram entrevistadas Silveria, Celia, Nadia e Ruben. António, o marido de Silveria, não quis dar uma entrevista formal por ser muito tímido, mas conversamos durante o período que frequentei sua casa, assim como aconteceu com os empregados da oficina do casal. É importante frisar que o registro aqui feito é de memórias, uma leitura pessoal e íntima dos personagens entrevistados. Na composição deste quadro de fontes, lamento não ter tido a oportunidade de conversar com a parte da família que reside na Bolívia, como Julieta, Verónica, Silvana e Martín, e ouvir, deles, as lembranças dos momentos aqui escritos.

Referências Bibliográficas

AGUIAR, Marcia Ernani de. Tecnologias e cuidado em saúde: a Estratégia Saúde da Família (ESF) e o caso do imigrante boliviano e coreano no bairro do Bom Retiro-SP. 2013. 319 f. Dissertação (Mestrado em Medicina Preventiva) Faculdade de Medicina, Universidade de São Paulo, São Paulo, 2013.

AGUIAR, Marcia Ernani de; MOTA, André. O Programa Saúde da Família no bairro do Bom Retiro, SP, Brasil: a comunicação entre bolivianos e trabalhadores de saúde. *Interface-Comunicação, Saúde, Educação*, v. 18, n. 50, 2014.

AZEVEDO, Flávio Antônio Gomes de & CACCIAMALI, Maria Cristina. *Entre o tráfico humano e a opção da mobilidade social*: a situação dos imigrantes bolivianos na cidade de São Paulo. PROLAM/USP. 2005.

BAUMAN, Zygmunt. *Danos colaterais*: desigualdades sociais numa era global. Zahar. 2013

_____. *Vidas para consumo*. Zahar. 2008

BIGNAMI, Renato. "Trabalho Escravo Contemporâneo: o sweanting system no contexto brasileiro como expressão do trabalho forçado urbano." *Trabalho escravo contemporâneo: o desafio de superar a negação 2*: 76-112.

CYMBALISTA, Renato; XAVIER, Iara Rolnik. *A comunidade boliviana em São Paulo*: definindo padrões de territorialidade. Cadernos Metrópole, n. 17, 2007

DIAS, Danilo Borges et al. Mídia, imigração e identidade (s): as rádios bolivianas de São Paulo. Dissertação (Mestrado em Comunicação Social) - Universidade Católica de Brasília, Brasília, 2010.

DIAS, Danilo Borges. *Mídia, Migração e Identidade*: As Rádios Bolivianas de São Paulo em Uma Abordagem Entre 2011 e 2014. Unesp, 2014. Disponível em: <https://www.faac.unesp.br/Home/Departamentos/ComunicacaoSocial/midiacidada/dl5-23.pdf>. Accсco em: 17 jul 2017.

FREITAS, Patrícia Tavares de et al. Imigração e experiência social: o circuito do subcontratação transnacional de força-de-trabalho boliviana para o abastecimento de oficinas de costura na cidade de São Paulo. 2009. 291 f. Dissertação (Mestrado em Sociologia) - Instituto de Filosofia e Ciências Humanas da Universidade Estadual de Campinas (IFCH-Unicamp), Campinas, 2009.

FREITAS, Patrícia Tavares de. Imigração boliviana para São Paulo e setor de confecção−em busca de um paradigma analítico alternativo. *Informe GEPEC*, v. 15, n. 3, p. 222-240, 2011.

IANDOLI, Rafael. O que o decreto de Temer muda na lei de migração, aprovada em maio. *Nexo*, São Paulo. 23 nov. 2017. Disponível em: <https://

www.nexojornal.com.br/expresso/2017/11/23/O-que-o-decreto-de-Temer-muda-na-lei-de-migração-aprovada-em-maio>. Acesso em: 02 fev. 2018.

LASEVITZ, Rafael Simões. *La mano costura, pero es la boca quien habla*: narrativas de fugas e repetições bolivianas na cidade de São Paulo. 2011.

LASEVITZ, Rafael Simões. *Máquinas de costura e máquinas de escape*: três narrativas de fuga e a criação de um espaço-tempo boliviano em São Paulo. ILUMINURAS, v. 15, n. 36.

MAGALHÃES, Giovanna Modé. *Fronteiras do Direito Humano à Educação*: um estudo sobre os imigrantes bolivianos nas escolas públicas de São Paulo. 2010. 182 f. Dissertação (Mestrado em Educação) – Faculdade de Educação, Universidade de São Paulo, São Paulo, 2010.

MANETTA, Alex. *Bolivianos no Brasil e o discurso da mídia jornalística*. Boliviana no Brasil, p. 257, 2012.

REBELATTO, Francieli. Construção da Narrativa Icônica: Imagens do Estigma. Intercom – VIII Congresso Brasileiro de Ciências da Comunicação da Região Sul – Passo Fundo – RS. 2007

SILVA, Carlos Freire da. Trabalho informal e redes de subcontratação: dinâmicas urbanas da indústria de confecção em São Paulo. Dissertação de mestrado, departamento de sociologia, Universidade de São Paulo, São Paulo, 141p. 2008.

SILVA, Sidney A. Da. *Bolivianos – A Presença da Cultura Andina*. Companhia Editora Nacional. 2005 87 p.

_____. *Bolivianos em São Paulo*: entre o sonho e a realidade. Instituto de Estudos Avançados da Universidade de São Paulo: São Paulo. 2006

_____. *Costurando sonhos*: trajetória de um grupo de imigrantes bolivianos em São Paulo. São Paulo: Paulinas. 1997

_____. "Faces da latinidade: hispano-americanos em São Paulo". *Cadernos Nepo*, Campinas, nº 55. 2008

STEFFENS, Isadora; MARTINS, Jameson. " LOOKING FOR JORGE": HEALTHCARE IN THE MUNICIPAL POLICY FOR MIGRANTS IN SÃO PAULO (SP), BRAZIL. Lua Nova: *Revista de Cultura e Política*, n. 98, p. 275-299, 2016.

VELASCO, Clara; CAESAR, Gabriela Caesar; REIS, Thiago Reis. Escravos sem correntes: 14% dos trabalhadores resgatados no país são encontrados com restrição de liberdade. *G1*, São Paulo. 9 jan. 2018. Disponível em: <https://www.google.com.br/amp/s/g1.globo.com/google/amp/https://g1.globo.com/economia/noticia/escravos-sem-correntes-14-dos-trabalhadores-resgatados-no-pais-sao-encontrados-com-restricao-de-liberdade.ghtml>. Acesso em: 02 fev. 2018.

XAVIER, Iara Rolnik et al. Projeto migratório e espaço= os migrantes bolivianos na Região Metropolitana de São Paulo. 2010. 263 f. Dissertação (Mestrado em Demografia) – Núcleo de Estudos da População, Universidade Estadual de Campinas, Campinas, 2010.

XAVIER, Iara Rolnik. *A inserção socioterritorial de migrantes bolivianos em São Paulo. Uma leitura a partir da relação entre projetos migratórios, determinantes estruturais e os espaços da cidade*. Boliviana no Brasil, 2012.

Matérias

BARROS, Carlos Juliano. Trabalho escravo nas oficinas de costura. *Repórter Brasil*, São Paulo. Jun. 2016. Disponível em: <http://reporterbrasil.org.br/wp-content/uploads/2016/06/Fasc%C3%ADculo-Confec%C3%A7%C3%A3o-Textil_Final_Web_21.01.16.pdf>. Acesso em: 13 jun. 2017.

BARROS, Carlos Juliano. Senzalas bolivianas. *Repórter Brasil*, São Paulo. Jan. 2001. Disponível em: <http://reporterbrasil.org.br/2001/10/senzalas-bolivianas/>. Acesso em: 5 set. 2017.

CABRAL, Paulo. Operação flagra trabalho escravo em oficinas de costura em SP. *BBC News*, São Paulo, 18 ago. 2011. Disponível em: <http://www.bbc.com/portuguese/videos_e_fotos/2011/08/110818_bolivianos_video_pc>. Acesso em: 13 jun. 2017.

GANDRA, Alana. Com menos fiscalizações, casos de trabalho escravo caem em 2016, diz Pastoral. *Agência Brasil*, Rio de Janeiro, 26 jan. 2017. Disponível em: <http://agenciabrasil.ebc.com.br/direitos-humanos/noticia/2017-01/com-menos-fiscalizacoes-casos-de-trabalho-escravo-caem-em-2016-diz-Pastoral>. Acesso em: 19 nov. 2017

G1, Brasília. Governo recua e endurece regras de fiscalização do trabalho escravo. 29 dez. 2017. Disponível em: <https://g1.globo.com/politica/noticia/em-nova-portaria-sobre-trabalho-escravo-governo-amplia-definicao-de-jornada-exaustiva-e-condicao-degradante.ghtml>. Acesso em: 02 fev. 2018.

MANTOVANI, Flavia; VELASCO, Clara. Em 10 anos, número de imigrantes aumenta 160% no Brasil, diz PF. *G1*, São Paulo, 25 jun. 2016. Disponível em: <http://g1.globo.com/mundo/noticia/2016/06/em-10-anos-numero-de-imigrantes-aumenta-160-no-brasil-diz-pf.html> Acesso em: 13 jun. 2017

MELLO, Patrícia Campos. Lei de Migração entra em vigor, mas regulamentação é alvo de críticas. *Folha de S. Paulo*. São Paulo, 21 nov. 2917. Disponível em: <http://www1.folha.uol.com.br/cotidiano/2017/11/1936866-lei-de-migracao-entra-em-vigor-mas-regulamentacao-e-alvo-de-criticas.shtml>. Acesso em: 13 jan. 2018

PEREIRA, Elvis. Bolivianos se tornam a segunda maior colônia de estrangeiros em SP. *Folha de S. Paulo*, São Paulo, 16 jun. 2013. Disponível em: <http://www1.folha.uol.com.br/saopaulo/2013/06/1295108-bolivianos-se-tornam-a-segunda-maior-colonia-de-estrangeiros-em-sp.shtml>. Acesso em: 13 jun. 2017.

REIS, Thiago; VELASCO, Clara. Nº de libertados em trabalho análogo ao escravo cai 34% em 1 ano; total é o menor desde 2000. *G1*, São Paulo, 25 jan. 2017. Disponível em: <https://g1.globo.com/economia/noticia/n-de-

-libertados-em-trabalho-analogo-ao-escravo-cai-34-em-1-ano-total-e-o-menor-desde-2000.ghtml>. Acesso em: 19 nov. 2017.

SAKAMOTO, Leonardo. Governo atende a pedido de ruralistas e dificulta libertação de escravos. *UOL*, São Paulo, 16 out. 2017. Disponível em: <https://blogdosakamoto.blogosfera.uol.com.br/2017/10/16/governo-atende-a-pedido-de-ruralistas-e-dificulta-libertacao-de-escravos/>. Acesso em: 4 dez. 2017.

Notas

1-14 SILVA, Sidney A. Da. Costurando sonhos: trajetória de um grupo de imigrantes bolivianos em São Paulo. São Paulo: Paulinas, 1997.

*"É difícil ser quem eu sou.
O dinheiro é muito importante.
Ele muda tudo.
Quando você não tem dinheiro,
você não tem as coisas,
e quando você não tem as coisas,
você não é ninguém."*

Silveria

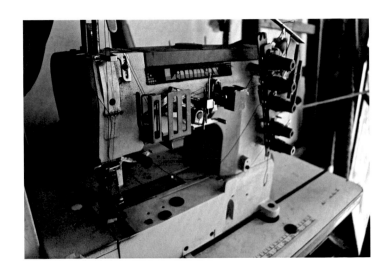

EDITORAMOINHOS.COM.BR

Este livro foi composto em tipologia Minion Pro
no papel pólen e couchê para a Editora Moinhos, em fevereiro de 2018,
enquanto Mart'nália e Chico Buarque sambavam *Sem compromisso*.